Hans-Arved Willberg

Kleine Laster

Alltagssüchte –
wie Sie sie erkennen und bewältigen

SCM R.Brockhaus

SCM
Stiftung Christliche Medien

Die Bibelzitate wurden, soweit nicht anders vermerkt, der Lutherbibel, revidierter Text 1984, durchgesehene Ausgabe in neuer Rechtschreibung, © 1999 Deutsche Bibelgesellschaft, Stuttgart entnommen.

Wo abweichend davon eine andere Übersetzung verwendet wurde, ist sie mit der entsprechenden Abkürzung hinter den Bibelstellen gekennzeichnet:

GNB = Gute Nachricht Bibel, revidierte Fassung, durchgesehene Ausgabe in neuer Rechtschreibung © 2000 Deutsche Bibelgesellschaft, Stuttgart.

Zitat von Martin Buber aus: Martin Buber: Ich und Du, © by Gütersloher Verlagshaus, Gütersloh, in der Verlagsgruppe Random House GmbH, München.

© 2008 SCM R.Brockhaus im SCM-Verlag GmbH & Co. KG, Witten
Umschlag: Dietmar Reichert, Dormagen
Satz: Breklumer Print-Service, Breklum
Druck: CPI – Ebner & Spiegel, Ulm
ISBN 978-3-417-26240-7
Bestell-Nr. 226.240

»Vom Glauben an die Unfreiheit frei werden heißt frei werden.«

Martin Buber

Inhalt

Einleitung 7

1. Alltagssucht im Überblick 9

1.1 Substanzabhängigkeiten 12
Alltagsdroge »Alkohol« 12
Alltagsdroge »Nikotin« 14
Medikamente und »weiche« illegale Drogen 15

1.2 Medienabhängigkeiten 17
Fernsehen, Video und DVD 17
Bildschirmspiele und Internet 20

1.3 Leistungs- und Geldabhängigkeiten 22
Arbeitssucht 22
Geldsüchte 24

2. Alltagssucht als Leidensflucht 27

2.1 Die Suche nach dem großen Glück 27
Vom Überfluss zum Überdruss 27
Bedingungen des Glücks 29
Vom Wellnesstrend zur Sinnorientierung 31

2.2 Leidensflucht 36
Betäubte Sehnsucht 36
Die Verwöhnungsgesellschaft 39
Die Löcher der Liebe 42

2.3 Fehlende Selbstakzeptanz 45
Die Verweigerung der Mündigkeit 45
Unsinnige Schuldgefühle 48
Das Problem mit dem Problem 51

3. Neue Wege finden 55

3.1 Das Leben nehmen, wie es ist 55
Den Teufelskreis durchbrechen 55
Von Gott angenommen 57
Selbstbefriedigungen 61
Gesunde Kompromisse 63

3.2 Maß, Wert und Ziel 68
Finde dein Maß 68
Finde das Bessere 71
Das lähmende Soll 73
Die wesentliche Frage 77

3.3 Leidenschaft statt Leidensflucht 82
Lohnende Ziele 82
Mut zur Unvollkommenheit 84
Entdecke die Berufung 86
Das innere Muss 89
Nimm dich selbst ernst 94

Anmerkungen 97

Einleitung

Jeder hat doch seine kleinen Laster. Warum soll das ein Problem sein? *Nobody is perfect.* Eine Süchtelei ist doch noch lange keine Sucht. Ganz recht – für sich genommen. Aber wenn wir jedes kleine Laster isoliert betrachten wollten, würden wir an der Realität vorbeigehen. Denn:

▶ Süchteleien sind Kompensationen. Das bedeutet: Ein echtes Bedürfnis wird dadurch ersatzbefriedigt. Punktuelle Ersatzbefriedigungen sind plausibel und harmlos. Aber sehr oft bleibt es nicht dabei. Aus den Punkten werden Lebenslinien. Der Ersatz deckt mehr und mehr das wahre Bedürfnis zu. Es geht unter. Die Person verkümmert seelisch an dieser Stelle. Die dauerhafte Vernachlässigung von wahren Bedürfnissen kann aber nicht ohne nachhaltige Schäden für den Menschen und seine Beziehungen bleiben.[1]
Es gibt einen schleichenden Übergang von der Süchtelei zur Sucht. Jede Sucht fängt scheinbar harmlos an.[2]

▶ Eine Süchtelei kommt selten allein. Das Ernährungsverhalten von Menschen, die sehr viel fernsehen, ist zum Beispiel deutlich ungünstiger als das von solchen, die es maßvoll tun – das Laster »TV« ruft das Laster »Übermäßiges-vor-sich-hin-Essen« herbei.[3] Ein weiteres Beispiel: Viele Frauen meinen, durch Rauchen ihrer zwanghaft vergötzten schlanken Linie zu dienen. Zwei Laster verbinden sich und rufen weitere herbei.

▶ Dadurch, dass Süchteleien oft zu Süchten werden und dass sich die kleinen Laster sozusagen zu Konvois verbinden und sich somit gegenseitig verstärken, sind die gesundheitlichen Schäden dieser »für sich genommen« harmlosen Verhaltensweisen immens.

▶ Das Hauptproblem am Suchtverhalten ist nicht das Suchtmittel, sondern die süchtige Lebenseinstellung. Wer die nicht überwindet, mag zwar eine Sucht aufgeben, aber nur, wenn ihm bereits eine neue zur Verfügung steht.[4]

- Nichts wird von der Industrie und den von ihr abhängigen Medien mehr gefördert als die Alltagssüchte. Wer darum einmal in ihren Sog geraten ist, braucht doppelt Kraft, um wieder herauszukommen: Er muss nicht nur das Verhalten selbst überwinden, sondern er muss dabei auch noch gegen die starke Strömung des Zeitgeists ankämpfen, der ihn von allen Seiten dazu verlockt.
- Das allgegenwärtige Überangebot von Lust erzeugenden Zeit- und Energiefressern liegt wie Smog über unserer Gesellschaft.[5] Es raubt den Atem und trübt den Blick. Es vergiftet die Seele. Uns geht die Luft aus. Wir ringen nach Sinn wie Fische auf dem Trockenen nach Wasser. Wir suchen nach dem wahren Leben und finden es nicht. Wir leben am Leben vorbei.

1. Alltagssucht im Überblick

Die Bekämpfung des Missbrauchs »harter« Drogen war in Deutschland zum Teil erfolgreich; das Problem scheint, wenn man die Zahl der Drogentoten in der Bundesrepublik betrachtet, eingedämmt zu sein. Die Ziffer ist in den vergangenen Jahren beständig zurückgegangen[6] und erreichte 2007 den niedrigsten Stand seit fast 20 Jahren[7]. Aber der Konsum anderer gesundheitsschädigender Substanzen ist zunehmend problematisch geworden.[8] Zum einen sind das zwar illegale, aber mittlerweile ziemlich »salonfähige« Rauschmittel wie Cannabis oder Ecstasy.[9] Zum anderen sind es aber auch die legalen Drogen Alkohol, Tabak und Medikamente.

In Politik[10] und Medien werden meist nur die letztgenannten den Alltagssüchten zugerechnet. Das liegt sicher erstens daran, dass der Schaden, den diese drei anrichten, so überaus groß ist. Im Blick auf die etwa 125 000 Toten jährlich durch Nikotinschäden, die 40 000 Toten durch Alkohol und die mindestens 1,5 Millionen Medikamentenabhängigen in Deutschland sagt Sabine Bätzing, die Drogenbeauftragte der Bundesregierung, zu Recht, es sei »offensichtlich, dass das Thema Sucht jeden angeht, entweder als Betroffener oder als Angehöriger«[11]. Zweitens kommt es daher, dass die Weltgesundheitsorganisation bisher immer noch unter einer expliziten Sucht lediglich die Abhängigkeit von Substanzen versteht, nicht aber suchtartige Verhaltensweisen. Dies halten manche Suchtexperten auch für richtig, weil sie befürchten, die Ausweitung des Suchtbegriffs auf alles Mögliche würde zu seiner Inflation führen, wodurch wiederum die besonders schweren Substanzabhängigkeiten relativiert würden.[12] Ich denke aber, dass diese Abgrenzung künstlich ist. Das wird auch auf Expertenseite zunehmend so gesehen.[13] Der Arzt und Seelsorger Theodor Bovet hatte insofern recht, als er feststellte: »Der Gegenstand der Sucht ist unwichtig, wesentlich ist die sklavische Abhängigkeit von ihm.«[14]

Sucht können wir nach allem Möglichen entwickeln.[15] Und wir tun es auch. Unser Gehirn macht jenen Unterschied nicht. Egal, ob die Sucht durch eine Droge oder durch ein Verhalten entsteht, es reagiert nach demselben Muster. Im Gehirn wird der Neurotransmitter Dopamin ausgeschüttet, der Motivation und Wohlbefinden erzeugt. Die Neurobiologen sprechen vom »Belohnungssystem«[16] und meinen damit: Unter Zufuhr von Dopamin entsteht im Gedächtnis die Überzeugung, dass sich etwas lohnt[17], sei es der Genuss einer Speise, einer Droge oder irgendeines Verhaltens, das mit Lust und Erfolg verbunden ist. Es schmeckt uns, es gefällt uns, wir fühlen uns sehr gut dabei. Das Gehirn merkt sich solche Erfahrungen besonders gut und inspiriert uns, sie zu wiederholen und zu intensivieren. So gewöhnen wir uns daran; wir verinnerlichen und erlernen sie.[18] Auch Suchtdrogen führen zu diesem Effekt, indem sie ebenfalls die Ausschüttung von Dopamin herbeiführen.[19] Umgekehrt gilt: Alle möglichen Erfahrungen, die zur Ausschüttung von Dopamin führen, haben eine drogenähnliche Wirkung.[20] Und je größer der Effekt ist, desto stärker wird die Gewöhnung. Wenn das Ergebnis konstruktiv ist, sprechen wir von Erfolg und Segen. Wenn es destruktiv ist, sprechen wir von Abhängigkeit und Sucht. Aber natürlich sind auch hier die Übergänge fließend. Beim Arbeitssüchtigen zum Beispiel kann man fragen: Wo hört da der Segen auf und wo beginnt die Sucht? Das ist gar nicht so einfach zu bestimmen.

Weil alles Mögliche zum kleinen Laster werden kann, lässt sich eine vollständige Liste der tatsächlichen Alltagssüchte nicht erstellen. Aber es gibt doch einige, die herausragen, weil sehr viele Menschen davon betroffen sind, weil sie große Wirkungen haben und weil sie in Literatur und Medien immer wieder thematisiert werden. Außer den drei genannten legalen Suchtsubstanzen[21] sind die anscheinend mehr und mehr tolerierten illegalen »weichen« Drogen zu nennen, dann das Fernsehen und schließlich der Computer inklusive Internet sowie PC- und Videospiele. Weitere auffällige Alltagsabhängigkeiten sind Sexsüchte, Arbeitssucht, Kaufsucht, süchtiges Essverhalten und sein Gegenstück, der Schlankheitszwang, süchtiges Spielen und Spekulieren an der Börse sowie die Sucht nach extremen Erfahrungen. Einige dieser Alltagssüchte wollen wir jetzt näher betrachten.

1.1 Substanzabhängigkeiten

Alltagsdroge »Alkohol«

Den Alkoholkonsum gibt es in drei Varianten: als Gesundheit und Lebensfreude stärkenden Genuss, als kleines Laster mit bedenklicher Tendenz zur Sucht und als Einnahme einer höchst potenten Leben zerstörenden Rauschdroge, die den ganzen Organismus angreift und zersetzt.[22] Die Übergänge sind fließend. Man unterscheidet drei Phasen des Alkoholismus: die »voralkoholische« Phase, die gekennzeichnet ist durch eine steigende Gewohnheit, einhergehend mit Schuldgefühlen und beginnender Verheimlichung, die »kritische« Phase des zwanghaften Trinkens mit deutlichen psychischen und sozialen Veränderungen und zuletzt die »chronische Phase« des zunehmenden Abbaus.[23]

Es wird wohl kaum einen süchtelnden Trinker geben, der nicht schwören wollte, dass er alles im Griff hat und nur genießt und sich des Lebens freut. Und für einen Süchtigen muss es erst richtig schlimm kommen, bis er zugibt, ein Alkoholproblem zu haben.[24] Fast immer zieht sich die tödliche Schlinge ganz im Verborgenen zu.[25]

Hippokrates empfahl: »Trinke Wein und du wirst gesund.« In der Tat kann regelmäßiger, aber mäßiger Genuss von Wein, insbesondere Rotwein, die Aussicht auf ein langes Leben verstärken. Solche Menschen werden seltener krank und das Risiko, an einer Herzkrankheit zu sterben, ist bei ihnen geringer.[26] Das scheint wissenschaftlich erwiesen zu sein.[27] Sogar der Apostel Paulus riet seinem kränkelnden Mitarbeiter Timotheus: »Trinke nicht mehr nur Wasser, sondern nimm ein wenig Wein dazu.« Die Frage ist nur: Was ist »ein wenig«? Die Grenze des gesunden Maßes überschreiten wir weit. Darum ist Alkohol in unserer Gesellschaft wesentlich mehr Gift und Laster als Medizin und Genuss. Zehn Gramm reiner

Alkohol pro Tag – das entspricht einem Achtelliter Wein oder einer Drittelliterflasche Bier – sind harmlos für einen gesunden Erwachsenen.[28] Doch nahm im Jahr 2006 im Durchschnitt jeder Deutsche fast 150 Liter alkoholische Getränke zu sich.[29] Mehr als zehn Millionen Deutsche trinken zu viel Alkohol.[30] 10,7 Prozent der Deutschen zwischen 18 und 64 Jahren weisen den repräsentativen Daten des Fachverbands für Sucht zufolge »einen riskanten, gefährlichen oder Hochkonsum auf«[31]. 3,8 Prozent der Deutschen dieser Altersspanne »missbrauchen« den Alkohol, wie man offiziell sagt, was bedeutet: Sie befinden sich bereits deutlich im Übergangsbereich zwischen »kleinem Laster« und »grausamer Selbstzerstörung«. Das sind 1,9 Millionen Bundesbürger. Und 1,6 Millionen der Gesamtbevölkerung gelten offiziell als Abhängige, das heißt, sie sind schon mittendrin, ob sie es zugeben oder nicht. 40 000 Menschen sterben in Deutschland jährlich an den Folgen des Alkohols.[32] Grob gesagt ist das jeder 30. Abhängige.[33] Damit besteht für jeden Alkoholabhängigen mindestens eine so große Todesgefahr wie für einen amerikanischen Soldaten, der in den Vietnamkrieg geschickt wurde.[34] 850 000 Deutsche verlieren jährlich durch Alkohol ihre Arbeitsfähigkeit. Mehr als 20 000 Unfälle im Straßenverkehr kommen jährlich durch Alkohol zustande.[35] Fast 25 Milliarden Euro beträgt der finanzielle Schaden, den der Alkohol jährlich bei uns anrichtet.[36]

Besonders alarmierend ist die Entwicklung unter Jugendlichen. Zwar trinken 30 Prozent der Jugendlichen gar keinen Alkohol[37] und der Alkoholkonsum ist unter den jungen Menschen insgesamt zurückgegangen, aber der Missbrauch hat zugenommen. Jeder fünfte Jugendliche trinkt zu viel. Besondere Sorge bereitet den Fachleuten die wachsende Beliebtheit des exzessiven *Binge Drinking*, was bedeutet: Man lässt sich um die Wette »volllaufen«. Außerdem hat sich das Einstiegsalter gesenkt. Vier Prozent der Jugendlichen gelten als abhängig.[38]

Alltagsdroge »Nikotin«

An den direkten Folgen des Tabakgebrauchs sterben jedes Jahr mindestens dreimal so viele Menschen wie an den Folgen des Alkohols[39], nämlich ungefähr 125 000.[40] Das bedeutet: Mindestens jeder sechste Todesfall in Deutschland ist nikotinbedingt.[41] An erster Stelle der Todesursachen durch Rauchen steht der oft qualvolle Krebs an Lunge, Kehlkopf und Speiseröhre, gefolgt von Kreislauf- und Atemwegserkrankungen.[42] Das Rauchen kann noch nach Jahrzehnten schädigende Wirkung haben. Insbesondere in Kombination mit Fettleibigkeit verkürzt es signifikant die Lebenserwartung.[43]

Obwohl der Nikotinverbrauch zurückgegangen ist, rauchte 2006 noch etwa jeder vierte Deutsche und jeder dritte im Alter zwischen 18 und 64 Jahren.[44] Einer von drei Rauchern ist der Statistik nach ein »starker«: Er verbraucht mehr als 20 Zigaretten täglich. Ungefähr zwei Drittel der Raucher sind maximal 25 Jahre alt, jeder fünfte Raucher ist noch keine 18. Einer von drei Rauchern würde es gern lassen, aber die meisten schaffen es nicht.[45]

Die durch die Schäden des Tabakkonsums entstehenden gesamtwirtschaftlichen Kosten werden auf 21 Milliarden Euro jährlich geschätzt.[46] Dem stehen die 14 Milliarden der jährlich eingenommenen Tabaksteuer gegenüber – insofern eine schlechte Rendite. Allerdings gaben die Deutschen im Jahr 2006 auch 23 Milliarden Euro für Tabakwaren aus.

Warum fangen Menschen mit dem Rauchen überhaupt an? Nur 20 Prozent der Raucher antworten: »Weil es schmeckt.« Das steht auf der Skala der zehn genannten Argumente für das Rauchen auf dem drittletzten Platz! Der Genuss spielt bei diesem Genussmittel also nur eine sehr untergeordnete Rolle. Spitzenreiter der Argumente für das Rauchen mit 52 Prozent ist dieses: »Es steckt an, wenn man mit anderen zusammen ist.«[47] Man will dazugehören.

Medikamente und »weiche« illegale Drogen

Während Alkohol und Nikotin vorwiegend Männerlaster sind, dominieren bei den Tabletten zu zwei Dritteln die Frauen.[48] Mindestens 1,4 Millionen Deutsche sind derzeit medikamentenabhängig. Diese Sucht ist vor allem ein Problem des Älterwerdens. 5,4 Prozent der Deutschen zwischen 30 und 40 haben ein Abhängigkeitsproblem mit Medikamenten, zwischen 40 und 50 sind es bereits 7 Prozent, von 50 bis 60 steigt die Zahl auf 9,5 Prozent und bei den 60 bis 64-Jährigen klettert der Wert auf 13,4 Prozent. Besonders problematisch sind als *Tranquilizer* verwendete Benzodiazepine, die schon nach wenigen Wochen zu massiver körperlicher Abhängigkeit führen können. Insbesondere alte Menschen werden zu häufig damit »ruhiggestellt«.[49]

»Harte« Drogen unterscheiden sich von den »weichen« durch das höhere Abhängigkeitspotenzial.[50] Aber diese Aufteilung wird in der Fachwelt kritisch betrachtet, weil die Wirkungen der Rauschmittel zu komplex sind, um sie diesem simplen Raster zuzuordnen.[51] Der Grund dafür, dass die Kategorisierung trotzdem ständig in den Medien auftaucht, scheint ein politischer zu sein: Es geht um die Diskussion, ob gewisse illegale Drogen erlaubt werden sollen. Dies ist in den Niederlanden bereits geschehen und dort werden die legalisierten Drogen »weiche« Drogen genannt. Vor allem handelt es sich um die Cannabisprodukte Haschisch und Marihuana.[52] Aber auch Kokain und Ecstasy gelten vielen als ganz »normal«.[53] Bei einer Untersuchung an den ca. 30 000 Ecstasy-Konsumenten der Berliner Szene im Jahr 1996 kam bereits heraus, dass 30 Prozent der Befragten nicht nur diese Droge, sondern auch Haschisch und Marihuana als selbstverständliches Genussmittel für den alltäglichen Gebrauch einstuften – harmlos wie Kaffee. Die Gefahr der Abhängigkeit wiesen sie weit von sich.[54] Die Zahl der Konsumenten solcher Drogen hat sich seither nicht wesentlich verändert; sie ist nach wie vor sehr hoch und deshalb »alarmierend«, wie Bätzing sagt.[55] Es gibt ungefähr zwei Millionen regelmäßige Cannabiskonsumenten in Deutschland. 400 000 von ihnen sind wahrscheinlich abhängig. Mindestens jeder vierte Jugendliche hat es zumindest schon einmal probiert. Außerdem hat sich das Einstiegsalter auf ca. 16 Jahre im Schnitt herabgesenkt.

1.2 Medienabhängigkeiten

Fernsehen, Video und DVD

Freizeitbeschäftigung Nummer eins ist der Medienkonsum und Medienkonsum Nummer eins ist das *Fernsehen*. Der Fernsehkonsum hat sich von 1970 auf 2003 vor allem der Privatsender wegen[56] nahezu verdoppelt. Die durchschnittliche Zeit des Deutschen für das Bücherlesen ging im selben Zeitraum von 22 Minuten täglich auf 18 zurück.[57] Jeder Deutsche verbringt einer Untersuchung des Instituts der deutschen Wirtschaft zufolge im angehenden dritten Millennium zehn Jahre seines Lebens vor dem TV-Bildschirm.[58] Das sind siebeneinhalb Wochen im Jahr und mehr als drei Stunden am Tag.[59] In fast allen deutschen Haushalten steht mindestens ein Fernsehgerät. Die Gruppe der Nichtseher ist zu einer bescheidenen Minderheit zusammengeschrumpft. Bald jedes zweite Kind hat einen eigenen Apparat in seinem Zimmer stehen.[60] Drei Viertel der Kinder zwischen drei und dreizehn Jahren sehen täglich fern. Kinder im Vorschulalter sitzen im Schnitt mehr als eine Stunde täglich vor der Glotze, Grundschüler eineinhalb Stunden, 10- bis 13-Jährige kommen schon auf zwei Stunden. Fünfzehnjährige Vielseher nehmen sich durchschnittlich fast 3,5 Stunden am Tag Zeit für Fernsehsendungen.

Das »kleine Laster« Fernsehen hat große Folgen. Vielseher sind schlechter in der Schule, sie können sich schlechter konzentrieren und schlechter sprechen und lesen, was wiederum dazu führt, dass sie lieber fernsehen als lesen. Sie führen wenig Gespräche und verbringen wenig Zeit mit Freunden und Familie. Verkümmerung der Kommunikation und Isolation sind wiederum die beste Einladung dafür, noch mehr Zeit vor der Flimmerkiste zu verbringen. Auch neigen Vielseher zu einem oberflächlichen Weltbild. Sie üben kaum sinnvolle Hobbys wie das Spielen eines Instruments aus, außerdem bewegen sie sich selten und treiben erst recht wenig Sport, weshalb sie oft zu Übergewicht neigen, zumal sie beim Fernsehen häufig vor sich hin essen. Jedermann meint, das Fernsehen diene der Entspannung, aber wenn es vor allem für die Zerstreuung genutzt wird und viele wertvolle Abend- und Nachtstunden wegfrisst, stresst es Jugendliche sogar mehr als die Schule.[61] Schon den Kleinen im Kindergartenalter macht es die Nacht zum Tag, denn das meistgesehene Kinderprogramm ist das Erwachsenenprogramm. Würden wir um zehn Uhr abends in alle deutschen Wohnzimmer blicken können, dann würden wir etwa 800 000 Vorschulkinder dort vor der Glotze sitzen sehen, um elf wären es noch ca. 200 000 und nach Mitternacht hätten 50 000 noch immer nicht den Weg ins Bett gefunden.[62] Und was nehmen sie dann schließlich mit in die Federn? Sehr, sehr viele überaus hässliche Eindrücke von brutaler Gewalt, die sich ihnen tief einprägen.[63] Aber auch für Erwachsene ist der Preis, den sie für den Ruhigsteller Fernsehen zahlen, oft sehr hoch: Zum Beispiel lässt dieser Alleinunterhalter die Kommunikation in Ehe und Familie immer mehr schwinden. Nach sechs Ehejahren sprechen die Partner im Schnitt noch maximal 20 Minuten pro Tag miteinander. Den Stimmen aus dem Flimmerkasten geben sie Tag für Tag zehnmal mehr Raum als ihren eigenen.[64]

»Das Fernsehen verlangt vom Zuschauer nur eine mutige, wenn auch übermenschliche Tat, nämlich auszuschalten«, spottet der französische Philosoph Pascal Bruckner.[65] Aber geradezu übermenschlich ist sie im Ernst, weil das Fernsehen eine magische Anziehungskraft auf uns ausübt.[66] Die meisten sitzen nicht davor, weil sie wirklich wollen. Es scheint über sie zu kommen; es ist, als müssten sie. Sie haben auch keinen Plan. Sie zappen sich durch, bis sie irgendwo hängen bleiben.[67] Aber sie wissen nicht, warum. Pascal Bruckner fasst dies treffend zusammen:

> »In dem Gerät geschieht immer irgendetwas, viel mehr als in unserem Leben. Die Hypnose durch das Fernsehen ist so stark, dass es uns in seinem Licht gefangen hält wie Schmetterlinge

im Umkreis der Lampe. Ununterbrochen bringt es Farbströme und Bilder hervor, an denen wir unablässig saugen. Der Fernseher ist ein belebtes Möbelstück, das sprechen kann und die Aufgabe vollbringt, Langeweile erträglich zu machen.«[68]

Fernsehen wirkt auf das Gehirn wie eine Droge. Im Elektroenzephalogramm (EEG) des Zuschauers dominieren Alpha- und Deltawellen. Letztere sind typisch für Tiefschlaf, Trance und Hypnose. Erstere sind kennzeichnend für eine entspannte, nach innen gerichtete Aufmerksamkeit. Der Fernseher nimmt in den Bann und lenkt völlig von der Außenwelt ab. Der Körper ist ganz passiv und das Denken kann abgeschaltet werden. Wir gaffen nur noch.[69] Wir schalten ab, aber wir entspannen nicht wirklich dabei. Wir sind ruhiggestellt. Je schlechter wir uns fühlen, desto mehr reizt uns die Anschalttaste. Aber selten fühlen wir uns danach besser.[70]

Zum Abschalten eignet sich das Medium Fernsehen ähnlich gut wie der Betäuber Alkohol, wenn er maßvoll eingenommen wird. Aber das Abschalten wird zum Problem, wenn die Abschalt*taste* nicht rechtzeitig betätigt wird. Und dann vertreibt das Medium Fernsehen die Zeit nicht nur, es verschlingt sie.[71] Fernsehen eignet sich hervorragend zur Flucht vor der Wirklichkeit. Bruckner schreibt: »Es verbindet ein Maximum an Flucht mit einem Minimum an Aufwand, ist ein Medium, das die ungeheure Macht besitzt, fast so etwas wie eine Lebensart zu sein.«[72] Das Fernsehen lenke uns von allem ab, auch von uns selbst. Der Hausgott »Fernsehen« kontrolliere weder das Denken noch das Lesen, sondern er mache beides »einfach überflüssig«.

Dazu kommen noch Videos und DVDs. Besonderer Beliebtheit erfreuen sich unter Kindern und Jugendlichen Horrorvideos[73], die immer bestialischer werden. Genauso beliebt unter den Videokonsumenten sind harte Pornostreifen.

Bildschirmspiele und Internet

Man möchte meinen, dass durch die neuen Medien die Fernsehzeit verkürzt würde, aber so ist es nicht: Die Unmenge an dafür verwendeter Zeit fügen die Konsumenten noch hinzu.[74] Viele Kinder verbringen nicht nur zu viel Zeit vor dem Fernseher, sondern darüber hinaus noch unendlich mehr mit Computerspielen und dem Surfen im Internet. Und nicht nur das: Exzessive jugendliche Computerspieler schauen sogar noch mehr fern als andere.[75] Bereits im Jahr 2000 fand eine große Untersuchung heraus, dass acht Prozent der jugendlichen Benutzer des *World Wide Web* internetsüchtig gewesen seien. Kriterien der Onlinesucht seien völliger Verlust der Zeitkontrolle, Steigerung der täglichen Internetdosis und die Vernachlässigung bisheriger Interessen und Kontakte.[76] Eine Studie mit zwölfjährigen Berliner Schülern 2006 ergab, dass fast zehn Prozent süchtig danach waren.

Mehr und mehr steigert sich die Blutrünstigkeit der Computer- und Videospiele ins Ekelhafte.[77] Verbote helfen bislang nicht, sie erhöhen nur den Reiz. Die Hälfte der zehn- bis zwölfjährigen Kinder an Hauptschulen verwendet indizierte und sogar beschlagnahmte Computerspiele; bei den 13- bis 14-Jährigen tun es zwei Drittel. Aber nicht nur die Hauptschüler sind betroffen. Mehr als die Hälfte aller 10- bis 16-Jährigen spielt regelmäßig am Bildschirm und in den meisten Spielen herrscht rohe Gewalt.[78] Bei Vielspielern geht daraus nachweislich gesteigertes Aggressionsverhalten im Alltag hervor.[79] Auch Film und Fernsehen propagieren mit sehr großer Intensität Gewalt als Problemlösungsmodell der ersten Wahl.

Die Welt der virtuellen Spiele gestattet Menschen mit Minderwertigkeitsgefühlen im normalen Leben, ihre Allmachtsfantasien scheinbar Wirklichkeit werden zu lassen.[80] Die Erfolgserlebnisse vor dem Bildschirm stimulieren nachhaltig ihr Belohnungszentrum. Das ist der beste Weg, um süchtig zu werden. Durch die täuschende Ähnlichkeit mit der Wirklichkeit verschiebt sich die Wahrnehmung: Der Bezug zur tatsächlichen Umwelt geht verloren, insbesondere Beziehungen verkümmern und das Verhältnis zur virtuellen Umwelt wird mehr und mehr für wahr gehalten. Die Grenzen lösen sich auf: Menschen werden wie Computer wahrgenommen und Computer wie Menschen.

Wie viele Menschen in Deutschland onlinesüchtig sind, lässt sich anscheinend noch nicht genau sagen, weil es noch nicht genug Untersuchungsdaten gibt. Das Thema wird überhaupt erst seit zehn Jahren diskutiert.[81] Schätzungsweise sind drei bis neun Prozent der deutschen Internetbenutzer zwischen 16 und 30 Jahren. Das könnten zwei Millionen Süchtige sein. Durchaus nicht alle sind süchtig nach Spielen. Der Hälfte geht es vor allem um Pornografie und sehr viele chatten exzessiv. Wohlgemerkt: Als internetsüchtig gilt man erst, wenn man sich in der Freizeit mehr als zehn Stunden täglich im *World Wide Web* tummelt. Die Süchtigen isolieren sich im Lauf der Zeit völlig und verlieren über kurz oder lang ihre Arbeit.[82]

Wenn sich nicht vieles ändert, stehen wir wahrscheinlich erst am Anfang der Epidemie. Denn die technischen Möglichkeiten, eine überaus wirklichkeitsnahe Scheinwelt im Computer aufzubauen, haben sich durch die *Cyberspace*-Technologie nochmals außerordentlich gesteigert. Dadurch kann man quasi in den Bildschirm hineintreten; man kann betasten und beschreiten, was man bisher nur hinter einer Scheibe sah und hörte.[83] Bald ist es so weit: Jeder Traum kann in Erfüllung gehen. Ein Albtraum.

Nicht zu vergessen ist die *Handyabhängigkeit*, die in den letzten Jahren ebenfalls immer mehr zum Problem wurde. Insbesondere bei Jugendlichen ist das Handy zum Statussymbol Nummer eins avanciert.[84] Aus den USA wird gemeldet, dass dort bereits eine Drittel der Handybesitzer meint, nicht ohne leben zu können. Auch bei uns ist der unkontrollierte Umgang mit dem Mobiltelefon zunehmend ein Thema in der psychologischen Beratung.[85] Fest steht, dass die Handysucht ernst zu nehmen ist. Aber dieses Feld ist noch weniger erforscht als das der Onlinesucht.[86]

1.3 Leistungs- und Geldabhängigkeiten

Arbeitssucht

Das Problem der Arbeitssucht, auch *Workaholismus* genannt, ist schon lange bekannt, aber noch kaum erforscht.[87] Man weiß bisher relativ wenig über die diagnostische Eingrenzung und die Häufigkeit der Störung. Erstens ist vielleicht nirgendwo der Übergang von der Normalität zur Sucht so unklar wie bei der Arbeit. Zweitens ist die Schnittfläche mit dem Burn-out-Syndrom ziemlich groß.[88] Und drittens genießen »Arbeitstiere« einen guten Ruf. Personalchefs meinen, Vielarbeiter seien besonders effektiv. Aber oft ist das Gegenteil der Fall.

Ungefähr 500 000 deutsche Erwerbstätige tendieren zumindest zur Arbeitssucht[89], die Dunkelziffer ist jedoch größer. Zwar sind besonders häufig Selbstständige und Angestellte in Führungspositionen betroffen[90], aber es können sich durchaus auch Hausfrauen, Studenten oder Rentner »infizieren«.[91]

Arbeitssucht vollzieht sich häufig in vier Stufen[92]:

▶ Die »*Einleitungsphase*« ist von der fast ausschließlichen Beschäftigung mit der Arbeit geprägt, und oft mit hektischem Arbeitsstil verbunden. Sie geht mit der Vernachlässigung anderer Bedürfnisse einher; insbesondere Beziehungen kommen zu kurz.

▶ Die zweite Stufe wird als »*kritische Phase*« bezeichnet: Der Betroffene ordnet sein gesamtes Privatleben der Arbeit unter. Die Arbeit ist ihm zum Zwang geworden.[93] Er merkt, dass etwas nicht stimmt, aber er kann sich nicht mehr bremsen. Es kommt zur Toleranzsteigerung: Um den Dopamineffekt zu erreichen, braucht er immer mehr Arbeit. Er sucht nach Entschuldigungen und achtet gleichzeitig ängstlich darauf, dass ihm die Arbeit nicht ausgeht. Wenn er es mit Reduktion versucht, erlebt er Entzugserscheinungen wie Schweißausbrüche, Herzrasen und Atemnot. Körper und Seele rebellieren: Bluthochdruck, Magengeschwüre und Depressionen treten auf. Eigentlich kann er nicht mehr.

▸ Auf der dritten Stufe ist die »*chronische Phase*« erreicht. Der Betroffene ist der Arbeit völlig verfallen. Er arbeitet nun ständig, auch abends und am Wochenende. Er schläft viel zu wenig.[94] Obwohl er schon zu viele hat, übernimmt er noch zusätzliche Verpflichtungen. Seine perfektionistischen Selbstansprüche schlagen ungehindert durch. Er hält sich für unersetzlich. Die psychosomatischen Reaktionen verstärken sich. Sein Privatleben hat er hinter sich gelassen.

▸ In der »*Endphase*« ist der Arbeitssüchtige völlig ausgebrannt. Viele Workaholics verabschieden sich schon Mitte 50 in die Rente, häufig sterben sie aber auch (nicht nur in Japan) an Herzversagen oder Schlaganfall.

Die Persönlichkeitsstruktur Arbeitssüchtiger weist oft zwanghafte Züge auf. Charakteristisch für *Workaholics* ist, dass sie ihrer Arbeit überzogen große Bedeutung zumessen. Sehr oft sind sie aber auch ständig mit ihrer Arbeitssituation unzufrieden. Wenn ihnen freie Zeit zur Verfügung steht, wissen sie nichts damit anzufangen.[95] Vielfach ist die Genussfähigkeit verkümmert[96] und das Interesse an guten Beziehungen ist verblasst.[97]

Die Menge der Arbeit ist durchaus nicht das Hauptproblem. Viel zu tun zu haben heißt noch lange nicht, von der Arbeit abhängig zu sein. Und es gibt auch Arbeitssüchtige mit 35-Stunden-Wochen.[98] Typisch für den *Workaholismus* wie für alle anderen Süchte auch ist, dass er der Kompensation anderer, echter Bedürfnisse dient. *Workaholics* fliehen in die Arbeit und schaffen sich zusätzliche Probleme durch überhöhte Perfektionsansprüche und mangelndes

Vertrauen in die Fähigkeiten anderer. Das wirkt sich verschiedenartig aus:

- Sehr oft dominiert die Unflexibilität, zum Beispiel muss alles nach ritualisierten Abläufen geschehen.
- *Workaholics* beharren verbissen auf ihren Zielen und Ansprüchen.
- Sie sind ganz auf ihr Fachgebiet fixiert, als gäbe es nichts anderes.
- Sie verhalten sich so, als wäre das ganze Leben Arbeit: Alles, was sie tun, ordnen sie dem Leistungsdenken unter.
- Für viele ist der Beruf wie ein großer Mantel, den sie um ihr ganzes Leben hüllen. Jeder Besuch, jede Urlaubsreise, jedes Buch, das sie lesen, muss dem »höheren Ziel« ihrer Arbeit dienen. Nie sind sie ganz einfach nur Mensch, nie entspannen sie wirklich, nie kommen sie zur Ruhe.
- Viele haben große Schwierigkeiten, Entscheidungen zu treffen. Sie haben große Mühe, Prioritäten der Dringlichkeit zu setzen.
- Etliche kommen (darum) dauernd »vom Hundertsten ins Tausendste« und werden darum nie mit ihrer Arbeit fertig. Sie verzetteln sich.

Geldsüchte

Seit jeher übt das Geld eine magische Macht auf den Menschen aus. Nichts scheint sich besser für die Ersatzbefriedigung echter Bedürfnisse zu eignen. Wie viel Sucht steckt im Versicherungsverhalten der Deutschen? Wie viel krankhaftes Sparen gibt es, wie viel pathologischen Geiz? Die expliziten Süchte rund ums Geld sind nur die Spitze des Eisbergs. Manche Abhängigkeiten ragen deutlich heraus, andere kommen erst allmählich in den Blick. Mehr und mehr ist das bei der *Kaufsucht* der Fall: Vier bis fünf Millionen Deutsche sind ihr derzeit erlegen. Sehr viele verheimlichen sie, weil sie sich schämen.[99] Sie kaufen und kaufen und verstricken sich in Schulden, ohne jemals Verwendung für die erworbene Ware zu finden.[100] Aber das Problem wird noch immer bagatellisiert. Ähnlich verhält es sich mit der *Börsensucht*. Ungefähr zwei Prozent der zehn Millionen deutschen Aktionäre[101] gelten als »Börsenjunkies«.[102] Das sind immerhin 200 000 Personen.

Wesentlich mehr Aufmerksamkeit erregt die *Glücksspielsucht*, obwohl die Zahl der Abhängigen in diesem Bereich nicht viel höher ist als die der krankhaften Wertpapierspekulanten und die Symptome und Folgen ganz ähnlich sind. Die Internetsuchmaschine *Google* zeigt 688 000 Treffer unter »Spielsucht«, aber nur 256 unter »Börsensucht«. Wahrscheinlich entspricht der Aktienrausch zu sehr den vorherrschenden Wertvorstellungen in unserer Gesellschaft, um mit ernsthaftem Gestörtsein in Verbindung gebracht zu werden.[103]

Der Staat verdient nicht nur an Alkohol und Tabak recht gut, sondern auch am Glücksspiel.[104] Jeder zehnte Deutsche versucht sich mindestens dreimal pro Woche am Glücksspielautomaten. Bei fast 30 Milliarden Euro Umsatz streicht Vater Staat jährlich mehr als fünf Milliarden Steuern aus der Glücksspielbranche ein und nimmt dabei in Kauf, dass es bis zu 170 000 Menschen in Deutschland gibt, die ihr Leben allein durch das Spielen an Automaten ruinieren. Ca. eine viertel Million Deutsche sind spielsüchtig[105], aber nur etwa jeder Dreißigste von ihnen kommt deswegen in Behandlung. An vielen Spielsüchtigen verdient der Staat doppelt, denn sie sind zugleich auch Alkoholiker.[106]

Was ist das Gefährliche an der Spielsucht? Anfängliche Gewinne aktivieren das Belohnungssystem des Gehirns. Es bekommt Lust nach mehr. Wer aber in die Spirale des Spielens gerät, ist zuletzt immer Verlierer. Die Kosten seiner Spielleidenschaft steigen und die gelegentlichen Gewinne wiegen den Einsatz immer weniger auf. Das treibt den Süchtelnden aber dazu an, nun erst recht das Glück herbeizwingen zu wollen.[107] Und so wachsen die Schulden. Manche wissen sich nicht mehr anders als durch kriminelle Geldbeschaffung zu helfen. Schließlich wird das ganze Leben von der Spielsucht beherrscht. Manche sehen zuletzt nur noch den Selbstmord als Ausweg.

»Paradiesische« Zeiten sind für die Glücksspieler angebrochen: Sie müssen die Wohnung nicht mehr verlassen, um ihrem Vergnügen nachzugehen. Im Internet stehen ihnen Tag und Nacht Glücksspiele von Online-Anbietern zur Verfügung. Der Markt boomt. In den USA und in europäischen Ländern ist das Online-Glücksspiel bereits sehr beliebt und verbreitet, und auch bei uns ist es im Kommen.[108] Die Suchtgefahr ist bei dieser Variante des Spielens deutlich höher, besonders bei jungen Menschen.[109]

2. Alltagssucht als Leidensflucht

2.1 Die Suche nach dem großen Glück

Dem Trendforscher Horst W. Opaschowski zufolge haben wir »die individuelle Bedeutung der Lebensqualität wiederentdeckt. Lebensqualität zählt zu den höchsten Werten einer modernen Gesellschaft.«[110] Was sollen wir darunter verstehen? »Auf einen Nenner gebracht: Suche nach persönlichem Glück«, antwortet Opaschowski. »›Zufrieden- und Glücklichsein‹ sind nur andere Umschreibungen für Lebensqualität.«[111]

Vom Überfluss zum Überdruss

Das Problem unserer Über*fluss*gesellschaft besteht darin, dass sie zu einer Über*druss*gesellschaft geworden ist. Wir wehren uns gegen diesen Zustand. Das letzte Mittel gegen den Überdruss, den wir vermeiden wollen, scheint der Über*genuss* zu sein. Das praktizierte man schon im alten Rom: Der Luxus wurde immer mehr auf die Spitze getrieben, und um dem Gaumenkitzel der erlesenen Speisen neuen Raum zu schaffen, kitzelte man sich etwas weiter hinten mit der Gänsefeder: Fressen um des Fressens willen, als Zeitvertreib. Wenn wir die Zeit nicht mit Sinn füllen können, vertreiben wir sie. Manchmal schlagen wir sie sogar tot. Der Zeitvertreib ist typisch für die moderne Genuss- und Erlebnisgesellschaft. Aber es sind nur Ersatzerlebnisse, sie sind an den Platz des wirklichen Lebens gerückt. Das ist die Perversion des Glücks.

Überdruss macht krank. Die Zahl von derzeit etwa dreieinhalb Millionen ernsthaft suchtgestörten Menschen in Deutschland genügt wohl als Hinweis, dass diese Krankheit sehr weit um sich gegriffen hat.

»Es gibt keine ewige Perfektionierung der Lammkeule«[112], sagte der Sozialforscher Gerhard Schulze, der das Phänomen der »Erlebnisgesellschaft« gründlich untersucht hat, in einem Interview. Die »Perfektionierung der Lammkeule« ist die immer weiter vorangetriebene Verfeinerung von Genuss und Bequemlichkeit, um dem Überdruss zu entgehen. Der »Perfektionierung der Lammkeule« entspricht die Perfektionierung der Technik. Zum Beispiel prüfe die Stiftung Warentest seit zwanzig Jahren Rasierapparate. »Sie stellte fest«, so Schulze, »dass Rasierapparate seit einigen Jahren nicht mehr verbessert werden können. Sie sind perfekt.«[113] Sind wir an die Grenze gekommen? Haben wir vielleicht sogar die letzte Sprosse der Fortschrittsleiter erreicht? Bisher konnte aus dem Überfluss noch recht gut immer neuer Übergenuss produziert werden, der dann den Überfluss noch steigerte. Dieser Aufschaukelungsvorgang hielt uns den Überdruss ein Stück weit vom Leibe, sodass er nie zum übermächtigen Problem wurde. Es gab noch Fortschritt. Es gab noch beides: kräftigen Profit und sensationelle Neuigkeiten auf dem Markt.

Wenn wir nun wirklich auf der letzten Leitersprosse angekommen sein sollten, könnten wir da nicht auch einfach glücklich und zufrieden sein? Machen wir uns selbst etwas vor? Sind wir einfach undankbar? Zweifellos ist die Dankbarkeit ein Schlüssel für viele Türen zum Glück. Aber dankbar kann nur sein, wer bereits auf dem Weg die Sprossen hinauf Sinn und Zufriedenheit erfuhr. Wenn erfülltes Leben an seine Grenze kommt, *bleibt* es erfülltes Leben. Wer dann an sein Ende kommt, ist lebenssatt. Lebenssattheit ist das Gegenteil von Überdruss. Aber Überdruss macht nicht lebenssatt, sondern lebens*müde*.

Es kommt darauf an, wozu die Leiter dient: dem gesunden Wachstum oder der Flucht? Das ist keine Frage an die Leiter, sondern an den, der sie besteigt. Die Leiter ist Teil der Weltgeschichte, die nun einmal so ist, wie sie ist. Es macht keinen Sinn, sie entweder »gut« oder »schlecht« zu finden, denn sie ist immer irgendwie beides und das Urteil nicht mehr als Ansichtssache. Man kann sie besteigen und ganz oben stehen und wirklich dankbar sein – nicht triumphierend, aber dankbar, lebensvoll und am Ende lebenssatt. Nur der Neid mag das nicht akzeptieren. Oder man kann sie besteigen, um aus der Sinnlosigkeit zu fliehen. Dann greift Panik um sich, wenn es nicht mehr weitergeht. Vergleichbar ist das mit einem Ausbrecher, der eine Leiter hinaufhastet, die an der Gefängnismauer lehnt, und nun erkennen muss, dass auch ganz oben über ihm nichts als Mauer ist. Dann bleiben nur Resignation und Verzweiflung.

Bedingungen des Glücks

Unglücklich ist, wer in sich selbst gefangen bleibt. Glücklich ist, wer sich durch die konzentrierte Hinwendung auf eine lohnende Aufgabe selbst vergisst. Das ist nicht nur eine allgemeine Lebensweisheit, sondern auch das Ergebnis sehr gründlicher Untersuchungen des derzeit wohl bedeutendsten Glücksforschers, Mihaly Csikszentmihalyi.[114] Er hat den Begriff *Flow* geprägt, zu Deutsch »Fließen«. Damit ist der Zustand einer sanften, ganz unspektakulären Form der Ekstase gemeint, den wir wahrscheinlich alle kennen, nämlich der Zustand, in dem wir so sehr von einer Aufgabe ergriffen sind, dass wir uns selbst mit unseren Sorgen und manchmal auch unsere Umwelt kaum noch wahrnehmen. Als Kind hatte ich zum Beispiel ausgeprägte *Flow*-Erlebnisse bei der Karl-May-Lektüre. Man sagt, ich sei nicht mehr ansprechbar gewesen.

Csikszentmihalyi hat herausgefunden, dass der moderne Mensch viermal so viel Zeit in das Fernsehen investiert wie in die Ausübung von Hobbys, obwohl daraus nicht halb so viel Wohlbefinden hervorgeht.[115] Er nimmt an, dass wir unser Bedürfnis nach Wellness darum so oft auf diese billige Art abspeisen, weil wir keine Mühe dafür aufbringen müssen. Wir suchen den bequemen Weg zum sofortigen Genuss. Aber so stellt sich kein *Flow* ein. Über kurz oder lang erleben wir stattdessen Überdruss.

Flow ist in den meisten Fällen ein Resultat von Disziplin. »Bevor eine *Flow* erzeugende Aktivität Spaß macht, verlangt sie eine anfängliche Investition an Aufmerksamkeit«, schreibt Csikszentmihalyi. Am befriedigendsten erleben Erwachsene den Zustand, wenn sie hoch konzentriert eine Tätigkeit verrichten, die sie sehr fordert, aber noch nicht überfordert, und für die sie lange üben mussten. »Es macht auf Dauer nicht glücklich, wenn man immer das bekommt, was man sich wünscht«, bemerkt Opaschowski.[116] *Flow* stellt sich nicht durch passive Zerstreuung und Betäubung ein, sondern die völlig passive Konsumhaltung bewirkt sogar das Gegenteil. Es ist wie im Schlaraffenland: Die gebratenen Tauben, die dem Unglücklichen, der sich dorthin verirrt hat, in den Mund fliegen, schmecken nur so lange, wie er Hunger und Appetit hat. Dann werden sie zum Überdruss. Es bewegt sich nichts. Alles ist unmittelbar greifbar. Es geht nichts voran. Das Schlaraffenland ist Stillstand. Hier kann auf Dauer nur der Ekel herrschen.

Unsere Konsumgesellschaft trägt in vieler Hinsicht die Züge des Schlaraffenlandes. »Dies schwächt geistig und körperlich«, meint Gerhard Schulze und erklärt dies folgendermaßen:

> »Man bringt die Kraft nicht mehr auf, die zur Entstehung von Erlebnissen dazugehört. Genau dies hat die Grenzen der Erlebnisgesellschaft sichtbar gemacht. Man hat zwar mitgespielt, aber allmählich das Unbehagen in der Anstrengungslosigkeit gespürt und gemerkt, dass man das schöne Leben nicht einfach von der Stange kaufen kann. [...] Es kommt nicht auf den Inhalt der Tätigkeit an, sondern auf die aktive Hinwendung zur Welt. Man kann bloß aus dem Fenster schauen und mehr erleben als andere im Karibikurlaub.«[117]

Csikszentmihalyi ist ähnlicher Ansicht: »Die Lebensqualität hängt nicht allein von Glücksgefühlen ab, sondern auch davon, was man für sein Glück tut.«[118]

Es gibt verschiedene Arten von Wachstumsprozessen. Am einfachsten ist für uns die Vorstellung, dass sich etwas linear entwickelt, also allmählich in einer Linie ansteigend. Der Geburtsvorgang zum Beispiel ist aber eine andere Art von Wachstumsprozess. Der Druck der Wehen steigert sich mehr und mehr, bis ziemlich plötzlich etwas völlig Neues eintritt: Ein Kind ist geboren. In der Natur gibt es viele Prozesse solcher Art.

Auch das Wasserkochen ist ein Beispiel dafür: Zuerst steigen unter dem Druck der Hitze kleine Bläschen auf. Es werden immer mehr. Das ist eine lineare Entwicklung. Dann kommt auf einmal etwas völlig Neues in Gang – das ist der Zeitpunkt, an dem Sie den Topf möglichst schnell von der Platte nehmen sollten. Eine buchstäblich umwälzende Veränderung ist eingetreten: Große, wilde Blasen in rollender Bewegung lösen die kleinen, »braven« ab: Das Wasser kocht. Ein ganz neuer »Aggregatzustand« ist eingetreten. Ähnliches geschieht beim *Flow*-Erlebnis: Wir sind warm geworden, wir sind auf Touren gekommen, und plötzlich »läuft es«. Zuerst war es mühsam, sich zu konzentrieren, diszipliniertes Durchhaltevermögen war vonnöten, und nun geht es wie von selbst. In diesem Zustand denken wir nicht unbedingt darüber nach, ob wir glücklich sind. Aber wir spüren kein Unwohlsein mehr und die Frage, ob das Sinn macht, ist in diesem Augenblick überhaupt kein Thema für uns. Und was ist das anderes als Glück? Wir erleben das Leben in solchen Momenten sehr intensiv und ohne Sorge.

Vom Wellnesstrend zur Sinnorientierung

Wenn die neuesten Sensationen der technischen Entwicklung mehr und mehr langweilen, weil es allmählich kein »realistischer als realistisch« in der Unterhaltungselektronik mehr gibt, kein »schneller als sofort« in Computer- und Satellitentechnik, keine wirkliche Steigerung des Genusses und der Bequemlichkeit, mag dies das Zeichen der Zeit dafür sein, dass ein linearer Prozess zu Ende gegangen ist, um einer umwälzenden Neuerung Platz zu machen, sozusagen einem neuen gesellschaftlichen Aggregatzustand. Gerhard Schulze, der dieser Meinung ist, nennt zwei Beispiele, um das zu veranschaulichen: erstens das fertige Haus, das heißt, es ist jetzt der Zeitpunkt gekommen, darin zu wohnen, und zweitens die Expeditionsmannschaft, die mit dem Schiff einen großen Fluss hinauffährt, bis es immer enger wird und es irgendwann nicht mehr weitergeht. Dann ist etwas völlig Neues angesagt: Die Mannschaft muss aussteigen und den Weg zu Fuß fortsetzen. Schulze ist allerdings bei der Übertragung dieses Punktes auf die Gesellschaft des technischen Fortschrittes skeptisch. Er meint, unsere Gesellschaft werde wohl so lange weiterfahren, bis das Schiff stecken bleibt.

Transzendenz:
Glaube, Sinn

Wissen, Verstehen
Ästhetik

Geistige Bedürfnisse

Selbstwerdung:
Selbstständigkeit, Entfaltung, Identität

Wertschätzung:
Anerkennung, Status, Prestige

Zugehörigkeit:
soziale Einbindung

Seelische Bedürfnisse

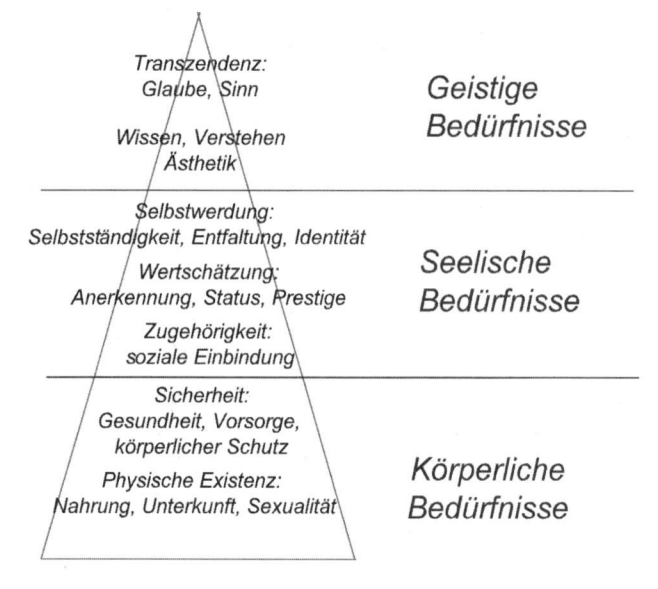

Sicherheit:
Gesundheit, Vorsorge,
körperlicher Schutz

Physische Existenz:
Nahrung, Unterkunft, Sexualität

Körperliche Bedürfnisse

Abbildung 1: »Die Bedürfnispyramide« nach Abraham Maslow

Die Schwelle zum Neuen ist oft eine Krise, weil wir am Alten hängen und den Sinn und die Gestalt des Neuen noch nicht sehen. Es ist immer so: Wer Neues gewinnen will, muss Altes loslassen. Und das fällt uns oft so schwer.

Was ist das Neue, auf das unsere Gesellschaft in der Krise zusteuert? Der Psychologe Abraham Maslow hat das mit seiner berühmten »Bedürfnispyramide« dargestellt (siehe Abbildung 1).[119] Ich folgere daraus: Ob Einzelperson oder Gesellschaft, man kommt in eine Krise, wenn man sich nicht auf die Bedürfnisse konzentriert, die noch nicht erfüllt sind. Wenn das Haus fertig ist, macht es keinen Sinn mehr, weiterzubauen. Wer satt ist, sollte nicht mehr weiteressen, wer Sicherheit gewonnen hat, sollte nicht weiter aufrüsten, sondern nach neuen und besseren Wegen suchen, um das Gleichgewicht der Macht aufrechtzuerhalten. Wer kommunizieren gelernt hat, sollte nicht darin den Zweck des Lebens sehen, sondern die Fähigkeit für neue Ziele einsetzen, die noch nicht erreicht sind. Das große Thema, auf das alles zustrebt, ist die Sinnfrage, und das ist nichts anderes als die Frage nach Gott. Theologisch gesprochen: Die Weltgeschichte findet Sinn und Erfüllung in der Heilsgeschichte. Die Reiche der Welt dienen der Wegbereitung des Reiches Gottes oder sie erübrigen sich über kurz oder lang.

Der lineare Wachstumsprozess der Konsumgesellschaft steuert auf ein neues, gesamtgesellschaftliches *Flow* hin: die nachhaltige Überwindung der Stagnation im Überdruss durch die neue und tiefe Erfahrung von *Sinn*. In der Suche nach Lebensqualität bahnt sie sich an. Nach Opaschowski hat unsere Gesellschaft erkannt, dass sie einen Gegenpol zur »Erlebnis und Eventmanie« braucht: »Derzeit wird die Muße wiederentdeckt.«[120] Dieses Motiv bezeichnet Opaschowski als treibende Kraft in der boomenden postmodernen Wellnessbewegung. Aber solange und sofern das Bedürfnis nach persönlichem Wohlbefinden in narzisstischer Selbstbezogenheit endet, stellt sich das gesuchte Glück nicht dauerhaft ein, und irgendwann wandelt sich die Wellness unweigerlich zum »Wellstress«. Der Wellnesstrend weist ein Gefälle auf. Das Wohlbefinden löst sich in Wohlgefallen auf, wenn der Lebensgenuss sich nicht zur Lebenserfüllung vertieft. Darum ist die Wellnessbewegung jetzt schon so stark von Wegen der Selbstfindung und Spiritualität durchzogen und geprägt. Es geht, wie Erich Fromm formuliert, um den Wechsel aus der »Existenzweise des Habens«, in der die »Beziehung zur Welt die des Besitzergreifens und Besitzens« ist, in die »Existenzweise des Seins«, die »Leben und eine authentische Bezogenheit zur Welt« bedeutet.[121] Opaschowski ist überzeugt, dass der Trend sich bereits wendet: Auf »Lebensqualität« folge »Sinnorientierung«.[122]

Noch einmal sei der Soziologieprofessor Schulze zitiert: »Wenn die Überlebensprobleme halbwegs gelöst sind, [...] lande ich bei der Frage: Was will ich eigentlich auf dieser Welt? Wenn ich auf eine Religion zurückgreifen kann, ist das psychisch außerordentlich komfortabel.« Wenn die Religion aber verloren gehe, bleibe dem Menschen nichts anderes übrig, als sich »ein schönes Leben zu machen«. Daraus folgert Schulze: »Der Religionsverlust ist ein Grundmotiv, das den Wandel zur Erlebnisgesellschaft befördert hat.«[123]

Als Christen glauben und bekennen wir: Das wirklich umwälzende Neue, das alle Langeweile und allen Überdruss wegnimmt und das Leben mit Sinn erfüllt, erfahren wir durch den Glauben an Jesus Christus, in dem Gott selbst zu uns kam und Mensch wurde, um unsere tiefste und stärkste Sehnsucht zu stillen. Das ist die echte Zukunft unserer Gesellschaft und jedes Einzelnen. Jesus Christus hat von sich gesagt, er sei gekommen, um uns das Leben zu bringen, »Leben im Überfluss« (Johannes 10,10; GNB). »Ewiges« Leben hat er es genannt, und das heißt: Leben, das nie aufhört, echtes, pulsierendes, erfülltes Leben zu sein; es ist ein Überfluss, der immer weiter fließt und schließlich zum *Flow* ohne Ende wird.

Jedes große und kleine Laster hat seinen wahren Grund in der

Sucht nach Leben. Darum lautet auch die appellative Antwort auf jedes große und kleine Laster: »Sucht nach Leben!« Wer wirklich sucht, der wird auch finden. Die Frage nach dem Leben ist immer die Frage nach dem Sinn und damit auch immer nach dem Glauben.

2.2 Leidensflucht

Im Jahr 1999 habe ich das Museumsdorf Tittling im Bayrischen Wald besucht. Dort befand sich eine Kapelle, an deren Außenwand ein großes Kruzifix hing. Darunter stand ein mit Kreide geschriebenes Gedicht:

> »Wir haben Kreuz und Leiden
> das schreib ich mit der Kreiden
> und wer nicht Kreuz und Leiden hat
> der wische dieses Schreiben ab.«

Ich kann mir nicht vorstellen, dass bis heute jemand der Aufforderung gefolgt ist. Denn es gibt keinen Menschen, der nicht »Kreuz und Leiden« hat – auch nicht in der Wohlstandsgesellschaft.

Betäubte Sehnsucht

Sehr viele unserer Kultur- und Zeitgenossen erleben große Disziplinprobleme mit sich selbst. Nur noch das »Lustprinzip« scheint für sie zu gelten. Sie sind schlaff und lassen sich treiben. Sie versäumen es, ihre großartigen Potenziale zu entfalten. Viel zu viele Stunden ihres kostbaren Lebens verbringen sie damit, irgendwie die Zeit zu vertreiben. Dabei ist Zeit ein wunderbares Geschenk. Doch viele Menschen schlagen sie tot. Sie suchen ständig nach dem Leben, aber sie nehmen es nicht an, wie es wirklich ist. »Nach dem Leben suchen« ist ja eigentlich ein seltsamer Ausdruck, so als würde jemand nach Essen suchen, obwohl er am gedeckten Tisch sitzt: Das Leben ist immer da, 24 Stunden am Tag. Wenn wir es trotzdem suchen, dann nicht, weil es uns fehlt, sondern weil wir es so, wie es uns serviert wird, für unakzeptabel halten – obwohl es unser Leben *ist*. Oder weil das, was uns als »Leben« angeboten und befohlen wurde, tatsächlich *nicht* das Leben war. Die Menschen, die das Leben suchen und doch nicht finden, sind nicht in der Gegenwart. Stets meinen sie, ihr augenblicklicher Zustand sei bestenfalls eine Not- oder Zwischenlösung und das »Eigentliche« müsse noch kommen, wenn sie nicht schon resigniert und ihre Träume begraben haben. In beiden Fällen bedienen sie sich der Süchte und Süchteleien, um zu kompensieren: die einen, um die Erfüllung des Traums vorwegzunehmen, die anderen, um die Enttäuschung nicht betrauern zu müssen. Sehr oft ist gar nicht klar, ob es überhaupt eine Grenze zwischen beiden gibt. Wer aber nicht in der Gegenwart lebt, der ist nicht frei. Vieles, was sie tun, hat den Anschein überaus großer Wichtigkeit. Manche arbeiten wie besessen und mit übergroßem Ernst. Es macht ihnen zwar durchaus keinen Spaß, aber es scheint doch sehr, sehr bedeutsam zu sein, besonders, wenn es um die Vermehrung des Geldes geht.

Kürzlich sah ich eine Gruppe Jugendlicher auf dem Bahnhof, die sich wie auf unsichtbare Weisung hin alle noch schnell eine Zigarette ansteckten, bevor der Zug kam, obwohl dort ein Schild mit »Rauchverbot« auf dem Bahnsteig steht. Ich betrachtete ihre Gesichter: Sie sahen so aus, als geschähe da etwas sehr Bedeutendes, fast so, als würde gerade ein heiliges Ritual vollzogen: Wie sie konzentriert am Mundstück saugten, die Wangen stärker nach innen ziehend, als sie müssten, wie sie extra tief inhalierten, um danach den Rauch andächtig wieder auszustoßen. Ja, das sieht schon fast nach Friedenspfeife aus, sehr ernsthaft jedenfalls, ein Spaß ist es sicher nicht. Und wohl auch kein Vergnügen. Ernsthaft wollen sie sein, sehr cool, erwachsener als erwachsen – und benehmen sich doch so kindisch. Das ist die Tragik. Nebensachen, angenehme Farbschattierungen des Lebens, werden zum Ersatz für entbehrte Hauptsachen. Warum müssen sie sich so überwichtig geben, diese jungen Leute, und dabei ihrer Gesundheit schaden? Weil ihnen die Hauptsache fehlt: wichtig sein zu können ohne Wichtigtuerei, geschätzt, wie sie sind, ob erwachsen oder nicht, wirklich angenommen und geliebt, bedingungslos.

So ist Suchtverhalten: kein Spaß mehr, kein Vergnügen, kein Genuss. Nur wer Maß hält, kann genießen! Silke Ypsilon kommt mir in den Sinn. Sie ist essgestört. Manchmal frisst sie sich regelmäßig voll mit dem, was sie gerade im Kühlschrank hat, und das ist selten etwas zum Genießen. Und dann spart sie wieder im Übermaß beim Einkaufen, denn sie nimmt sich selbst nicht an. »Warum sollte ich *mir* denn etwas Gutes gönnen?« Sie ist viel zu streng zu sich selbst. Frau Ypsilon hat eine sehr gute Figur, doch sie glaubt es nicht. Nach ihren Essattacken hält sie sich für abstoßend dick. In Wirklichkeit ist sie aber bedenklich dünn geworden. Verbissen treibt sie Sport, nicht etwa, weil es ihr Spaß macht, sondern weil sie sich von ihrem perfektionistischen Körperbild treiben lässt. Nie ist sie mit dem Erreichten zufrieden. Sie weiß schon, was Genuss ist, das zeigt sich an den Ausnahmen: Wenn sie nicht allein ist, sondern mit einem Menschen essen geht, der sie mag, wenn sie eingeladen und wertgeschätzt wird, dann frisst sie nicht und hungert nicht, dann speist sie, und es schmeckt ihr richtig gut. Aber wenn sie allein ist, verweigert sie sich den Genuss. »Wozu denn auch? Mit mir selber weiß ich ja doch nichts anzufangen.« Und das heißt: Sie ist es sich nicht wert. Sie ist einsam. Und sie betäubt den Schmerz darüber durch Magersucht und Fressanfälle.

Der eigentliche Beweggrund aller kleinen und großen Laster ist die Sehnsucht. Damit meine ich nicht irgendein sentimentales Verlangen, das man sich, wäre man nüchtern, auch gut sparen könnte. In jeder Sehnsucht kommt ein Defizit zum Ausdruck. Sehnsucht sagt: Mir fehlt etwas. Ich brauche es wirklich. Ich versuche zwar, mit dem Mangel zurechtzukommen, aber es ist schwer. Ich leide darunter. Vor allem treibt uns die Beziehungssehnsucht in die Abhängigkeit. Theodor Bovet schreibt über die Entstehung von Süchten: »Sie treten immer bei solchen Menschen auf, die sich irgendwie verlassen vorkommen und deshalb nach einem Halt suchen. Sie sind also der Ausdruck einer inneren Angst und ebenfalls ein Ersatz für mangelnde Geborgenheit.«[124] Am meisten sehnen wir uns nach der Geborgenheit bei Gott.[125]

Die Verwöhnungsgesellschaft[126]

Unsere Wohlstandsgesellschaft ist zwischenmenschlich kalt. Das Defizit wird durch künstliche Wärme ausgeglichen, die fehlende Liebe durch Verwöhnung ersetzt.[127] Ich will den Begriff »Verwöhnung« erklären: Es ist etwas ganz Wunderbares, einen Menschen, den man liebt, zu verwöhnen, solange er es genießen kann und solange es beiden noch guttut, solange das Maß gesund ist und solange es gegenseitig geschieht, also ein Geben und Nehmen oder wenigstens Dankbarkeit vorhanden ist. Dann ist Verwöhnen ein Genuss. So verwöhnt die Liebe liebend gern. Dauernd fragt sie: Womit kann ich dir eine neue Freude bereiten? Doch es muss auch wirklich eine *Freude* sein und bleiben.

Aber *diese* Verwöhnung aus echter Liebe meine ich hier nicht. Ich spreche von der Verwöhnung, die weder Genuss noch Freude ist. Allenfalls einen »Kick« kann sie noch bringen, um nicht ganz und gar in Langeweile zu versinken. Unsere Wohlstandsgesellschaft gaukelt sich das Idealbild des Schlaraffenlandes vor. Wir verwechseln es mit dem Paradies. Aber immer alles sofort zu bekommen und »aus lauter Liebe« noch einen Schlag Sahne obendrauf zu haben ist »Vergewohltätigung«.

Ein Mensch, der so behandelt wird, darf sich nicht selbst erfahren. Er darf sich nicht bewegen. Er darf nicht mutig und tapfer sein. Im Schlaraffenland gibt es keine Helden. Alles verliert die Kontur, wird unförmig, fett und löst sich in Weichlichkeit auf. Im Schlaraffenland steht keiner auf und will etwas. Es gibt dort keinen Sinn, weil der Mund, wenn er sich dazu öffnet, die Frage danach zu stellen, sogleich zugestopft wird. Es ist das Land des Erbrechens und der Deformierung des Menschlichen. Die Wirbelsäulen verkümmern, denn die Notwendigkeit, ein Rückgrat zu haben, hat sich erledigt. Der Mensch ist zur Konsummaschine geworden, nur noch dazu existierend, die Produkte der alles beherrschenden Wohlstandsindustrie aufzunehmen. Er braucht keine Hände mehr, denn es gibt nichts mehr anzupacken. Die Füße werden abgeschafft, denn es gibt keinen Ort mehr, an den zu gehen sich lohnen würde. Sehr weit weg sind wir nicht von dieser Science-Fiction-Vision.

Meiner Meinung nach gibt es zwei Hauptstraßen in der heutigen Verwöhnungsgesellschaft: den Weg der tatsächlichen Verwöhnung und den der zynischen Pseudoverwöhnung. Beide Straßen führen jedoch zum selben Ziel. Bei tatsächlicher Verwöhnung bekommt der Mensch wirklich das, was er will. Ein Bedürfnis wird gestillt, aber ohne Maß. Das Schokoladeneis und das heiß begehrte Spielzeug gibt es zu jeder Zeit und immer gerade so, wie wir es uns wünschen, und wehe, wir haben etwas zu beanstanden, dann ist der Geber dran. Es gibt nur noch Ansprüche und »Selbstverständlichkeiten«, doch niemals Überraschung, Staunen oder Freude und niemals Dankbarkeit. Es gibt wohl kaum Unbarmherzigeres als die Anspruchsstandards Verwöhnter.

Und dann die zynische Variante: Da wird der aufgesperrte Schnabel mit Dingen gestopft, die *kein* Bedürfnis stillen. Da gibt es gar kein rechtes Maß, weil das Ding an sich schon lebensfeindlich ist. So macht es Frau Ypsilon mit sich selbst. Sich zu Tode zu hungern oder wahllos zu fressen ist ein zynisches Pseudobedürfnis. Heroin zu spritzen ist ein Pseudobedürfnis. »Euthanasie« (»schöner Tod« heißt das übersetzt) ist ein Pseudobedürfnis. Den von Sigmund Freud behaupteten »Todestrieb« gibt es nicht. Wer es sich zur Aufgabe macht, Sterbenskranke in ein Haus des Todes einzuladen statt in ein Hospiz des Lebens und der Lebensqualität bis zum Ende, in dem alle Möglichkeiten der Palliativmedizin ausgeschöpft werden und liebevolle Menschen das echte Bedürfnis nach Beziehung bis zuletzt stillen, wer zutiefst Verzweifelte mit Todescocktails »verwöhnt«, ist nicht von Mitleid und Barmherzigkeit bewegt, sondern er ist ein Agent des Todes. Denn *jeder* Mensch will *leben*, auch der Sterbenskranke. Nur wissen viele nicht so recht, was Leben *ist*.

Pornografie zu konsumieren ist genauso ein Pseudobedürfnis, wie Horrorvideos anzuschauen. Beides überfordert die Fantasie. Spannung zu erleben ist ein echtes Bedürfnis, erotische wie gruselige. Aber Pornografie und Horror sind maßlose *Über*spannungen. Wer das aushalten will, ohne völlig von diesen Bildern beschlagnahmt zu sein, muss einige Sicherungen ausschalten. Man mag das »Abstumpfung« nennen. Jedenfalls beeinträchtigt es die Lebensqualität, vermutlich oft erheblich. Ich habe vor 35 Jahren einen echten Horrorfilm im Kino gesehen und interessiert ein Heft mit harter Pornografie betrachtet. Manche Bilder davon sind mir heute noch im Detail gegenwärtig. Ich kann sie jederzeit abrufen. Sie haben sich in mir eingebrannt.

Kleine Kinder mit Fernsehen und Computer zu bemuttern ist eine »Vergewohltätigung«. Ihr Gehirn verkraftet das Übermaß der Eindrücke nicht. Es versucht, einen Ausgleich herzustellen, indem es die Fähigkeit zur Aufmerksamkeit insgesamt reduziert. Ein hoher Preis.[128]

Auch Rauchen ist wohl für die meisten Menschen ein Pseudobedürfnis. Ich will nicht abstreiten, dass Rauchen ein Genuss sein *kann*. Aber den meisten Rauchern, da bin ich mir ziemlich sicher, hat die Zigarette noch *nie* wirklich geschmeckt. Mit jeder neuen hoffen sie darauf, dass der Genuss endlich kommt, doch wenn die Zigarette weggequalmt ist, bleibt nicht der Duft der weiten Welt zurück, sondern nur noch ein nervöses Aufgeputschtsein, alles andere als Wohlgefühl, nichts als Unruhe und Zittern und der unangenehme Geschmack im Mund – schön und angenehm ist das nicht wirklich. Viele Raucher haben nicht angefangen, weil sie ein Bedürfnis danach hatten, sondern weil sie wichtig sein wollten, denn sie hatten gelernt: Menschen, die wichtig sind, rauchen. »Wichtig sein« ist ein *echtes* Bedürfnis.

Die Löcher der Liebe

Verwöhnung ist Betrug. Verwöhnung ist eine Methode zur Vermeidung von Liebe. Verwöhnung stellt sich als Instant-Liebe dar, die Leiden stets verhindert, indem sie es vermeidet. Aber Liebe gibt es nicht ohne Leiden. Sie leidet selbst und mutet Leiden zu. Sie tut das nicht aus Prinzip, sondern weil sie der Wahrheit ins Auge blickt und darum das Leben bejaht, wie es *wirklich* ist. Suchtverhalten ist Leidensvermeidung, buchstäblich um jeden Preis. Liebe ist nicht prinzipielle *Leidens*bejahung, sondern bedingungslose *Lebens*bejahung, die um des Lebens willen das Leiden nicht scheut. Liebe hat keine Freude am Leiden. Sie vermeidet das Leiden aber nicht, wenn es eine Möglichkeit gibt, es zu überwinden, das heißt, wenn es sich also lohnt, sich ihm zu stellen, oder wenn es eben keine bessere Möglichkeit gibt, als es auszuhalten – um ihrer selbst willen. Sie vermeidet es nicht und sichert sich dabei nicht ab. Liebe prüft nicht erst: Wird es gut gehen? Werde ich auf meine Rechnung kommen? Liebe schenkt sich. Liebe kann missbraucht werden. Liebe ist sehr verletzlich und sie *wird* auch verletzt. Die Menschenliebe schlechthin – Jesus Christus – wurde ans Kreuz genagelt. Aber auch wenn sie scheitert, siegt sie doch immer, denn ihr Wert ist unabhängig. Sie trägt ihn in sich selbst. Sie ist wertvoll, weil sie ist, und sie ist wertvoller als alles. Wenn Liebe wirklich Liebe ist, wird sie durch Leiden und Scheitern nur noch stärker und leuchtender. Sie ist mächtiger als der Tod.

Der Wohlstand ist nicht das Problem. Wir können kaum dankbar genug dafür sein. Welchen Sinn soll denn Entwicklungshilfe haben, wenn nicht den, dass es *allen* Menschen auf der Erde ungefähr so gut gehen möge wie uns? Wir brauchen uns des Wohlstands nicht zu schämen und ihn nicht schlechtzureden, aber wir haben die Verantwortung dafür, dass er sich ausbreitet. Nicht der Wohlstand ist das Problem, sondern die *Gleichgültigkeit*. Das ist die Kälte zwischen uns. Jeder sieht nur sich selbst. Jeder muss haben, haben und nochmals haben. Auch unter den Christen ist es kalt: Du interessierst mich nur, wenn ich schon im Voraus weiß, dass ich etwas davon habe. Oder weil es meine leidige Pflicht ist, dass du mich interessierst. Oder weil ich mich dann als dein Wohltäter aufspielen kann. Ich glaube, dass die fehlende Liebe der Hauptgrund dafür ist, dass viele Kirchen so leer und inhaltlich so arm geworden sind. Noch immer dominiert dort die Abgrenzung anderen Christen gegenüber statt demütiger Offenheit und Dienstbereitschaft. Man versucht mit aller Macht, den Bestand zu bewahren, statt ihn loszulassen und in den Dienst zu stellen.

Verwöhnung ist aber nicht identisch mit Gleichgültigkeit. Es gibt auch die kalte, harte Gleichgültigkeit unter uns, und die kann sich gut mit asketischer Selbstbeherrschung verbinden, wenn es etwa darum geht, politischer Ideologien wegen präzise Anschläge vorzubereiten und durchzuführen, ohne den Hauch des Mitleids für die Opfer, oder mit ähnlicher Grausamkeit darauf zu antworten.

Wir sind Meister im Ausblenden. Wir haben die schreckliche Fähigkeit, aufgrund scheinbar plausibler Argumente, seien sie auch noch so verlogen, die Schmerzensschreie Gequälter einfach zu ignorieren und ihre Peiniger zu entschuldigen. Nicht nur ein Eichmann erlag der »Banalität des Bösen« (Hannah Arendt). Spätestens die erschütternden Experimente des Verhaltensforschers Milgram, die bewiesen, dass ganz normale Bürger bereit sind, ihre ebenfalls ganz normalen Mitbürger bis zum Tod zu martern, wenn man sie nur geschickt genug manipuliert, haben gezeigt, dass dieser Eichmann in uns allen steckt.[129]

Verwöhnung ist der Schleier, den unsere an Liebe verkümmerte Gesellschaft sehr weit über die Gleichgültigkeit breitet. Darum hat die Werbung fast kein anderes Thema als Verwöhnung. Darum gibt es auch diese weihnachtliche Geschenke-Hektik. Das gestresste Unbedingt-noch-Geschenke-kaufen-Müssen ist ein doppeltes Symptom der Liebesarmut: Für den, der liebt, ist Schenken Freude. Er muss auch nicht krampfhaft etwas suchen. Liebe hat Fantasie und

Zeit. Liebe findet schon, was erfreut, und das ohne Druck. Das andere Symptom ist die Überbetonung der Geschenke. Es darf kein Loch im Schleier entstehen. Keiner soll sehen, dass darunter keine Liebe ist, sondern Gleichgültigkeit. Weihnachten ist zum größten Wohlstandsfest geworden. Die Verwöhnungsgesellschaft feiert sich selbst. Man lässt es sich miteinander gut gehen – zu gut –, Verwöhnung bis zum Erbrechen ist Pflicht: Man isst zu viel, man trinkt zu viel, man schenkt zu viel, man bekommt zu viel geschenkt, und man ist froh, wenn dieses lästige Essen-trinken-schenken-und-Geschenke-bekommen-Müssen wieder vorbei ist. Man braucht diese Sachen ja alle eigentlich gar nicht. Man kann sie sich auch selber kaufen oder man hat sie schon oder sie gefallen einem ganz einfach nicht, wenn man ehrlich ist. Aber Weihnachten scheint für die Ehrlichkeit nicht geeignet zu sein.

Süchteleien sind kompensatorische Verwöhnungen, um die Löcher der Liebe auszufüllen. Die »kleinen Laster« sind Ersatz für die Erfüllung unserer echten Bedürfnisse. Liebe hingegen ist nichts anderes als die Erfüllung *echter* Bedürfnisse. »Lieben heißt: hinzubringen, was fehlt«, hat der Theologe Kurt Scherer treffend definiert. Weil so wenig hinzugebracht wird, was fehlt, gibt es so viele »kleine Laster« unter uns. Wir verstehen es sehr gut, die Löcher zu stopfen, und die Unterhaltungs- und Konsumindustrie versteht sich am besten darauf. Wir sind voll ausgelaste(r)t.

Doch wann und wodurch entstehen diese Löcher der Liebe überhaupt? Sie entstehen vor allem in der Kindheit[130], wenn Kinder nicht genügend Liebe, Akzeptanz, Zuwendung und das Vorbild gelebter, lohnender Werte von ihren Eltern erfahren.[131]

2.3 Fehlende Selbstakzeptanz

Hinter jedem Laster steckt eine Last. Nicht das Laster ist das eigentliche Problem, sondern es wird nur in der Folge dazu. Die unbewältigte und nicht wahrgenommene Last ist das eigentliche Problem.

Ich wundere mich immer wieder über Klienten, die zu mir in die Beratung mit Problemen kommen, die eigentlich gar keine sind. Oft sind es ganz normale Disziplinprobleme. Kein Zwang steckt dahinter, keine Angststörung, keine Sucht oder sonst etwas. Sie gehen nur nicht pünktlich zu Bett. Sie essen nur zu viel. Sie bewegen sich nur zu wenig. Immer machen sie etwas zu viel oder zu wenig, was sich dem Augenschein nach ganz leicht abstellen ließe: durch etwas mehr und etwas weniger, sprich durch ein bisschen Disziplin. Sie sind verständig, vernünftig, sie sehen ihr Problem und sie wollen sich gern verändern. Wenn wir über Zeitmanagement sprechen, stimmen sie zu. Es scheint alles so einfach zu sein. Sie bräuchten nur umzusetzen, was sie einsehen. Aber sie tun es nicht.

Die Verweigerung der Mündigkeit

Manchmal habe ich den Eindruck, dass es leichter ist, Menschen mit schweren Störungen zu beraten, als Menschen mit kleinen Lastern. Haben sie zu wenig Leidensdruck? Das glaube ich nicht, denn sonst würden sie ja auch nicht in die Beratung kommen (oder dieses Buch lesen). Sie sind sehr unzufrieden mit ihrer Situation, aber sie kriegen irgendwie nicht die Kurve. Es liegt nicht daran, dass sie zu *wenig* leiden. Es liegt daran, dass sie ihr Leiden nicht *ernst* genug nehmen. Genau wie Eltern ihre Kinder nicht ernst nehmen, wenn sie ihnen Verwöhnung statt Liebe geben, gehen sie mit sich selbst um: Sie speisen sich selbst mit billigem Liebesersatz ab. Und das tun sie so lückenlos, dass sie gar nicht zur Besinnung kommen. Sie betäuben ihren Schmerz, sie übergehen ihr Leid. Sie sind einsam und hungern nach Anerkennung. Sie sind tief enttäuscht und verletzt. Sie werden sich erst ändern können, wenn sie das verstehen und annehmen, wenn sie »bereit« sind, ihrem Leiden nicht mehr aus dem Weg zu gehen. Das Problem des Süchtigen, schrieb Theodor Bovet treffend, liegt darin, »dass er sich selbst nicht annimmt, wie er ist, dass er sein wenn auch schweres Los nicht auf sich nimmt, sondern ausweichen will«[132].

Wenn Menschen mit selbstschädigenden Gewohnheiten sich dagegen wehren, als Süchtige bezeichnet zu werden, haben sie ganz recht. Denn süchtig *ist* man nicht – man *verhält* sich nur so. Und zwar freiwillig. Man könnte auch anders. Wenn ein Kettenraucher der Unterstellung, er sei an die Zigarette gebunden, entgegenhält, er könne selbstverständlich jederzeit aufhören, so hat er ganz recht. Er könnte es wirklich, aber er will es nicht. Das gilt auch noch, wenn einer regelmäßig zwei Flaschen Wein am Abend, mindestens ein Gläschen Wodka zur Stimmungsaufhellung beim Frühstück und dann noch ein Bierchen zum Mittagessen trinkt, das kann ja nicht schaden. Doch, es schadet, er schadet sich damit selbst. Er zerstört seinen Leib. Er knebelt seine Seele, stellt sie ruhig, erlaubt ihr nicht, zu schreien und zu klagen, weil sie so bitter enttäuscht und einsam ist. Er verbietet ihr, mutig der Wahrheit ins Auge zu blicken, zu spüren und zu bejahen, dass sie verletzt ist und leidet. Er lässt es nicht zu, doch tapfer zu sein, Widerstände zu überwinden und das schöne Gefühl des Erfolgs erleben zu dürfen. Er hält seine Seele klein. Er verweigert ihr die Mündigkeit. Das tut er alles, aber er tut es freiwillig. Das ist der Preis, den die süchtige Gewohnheit kostet. Er ist bereit, ihn zu zahlen.

Der allgemeinen Anschauung nach ist ein Süchtiger ein Mensch, der sich selbst nicht mehr kontrollieren und darum zurzeit auch keine Verantwortung für sein Handeln mehr tragen kann. Mit dieser Definition entmündigt er nicht nur sich selbst, auch seine Umwelt tut ihm den Gefallen. Sie hat falsches Mitleid: »Er ist ein armer Kranker, er kann ja nicht anders.« Das trifft nicht zu. Die Wahrheit ist: »Wahrscheinlich ist er in einer sehr bedauernswerten Lage, und er hat sich entschieden, seine großen Schmerzen durch das Suchtverhalten zu betäuben.« Jede Sucht ist Kompensation: Ich will etwas nicht mehr ertragen, es ist mir zu schwer. Es schmerzt zu sehr. Darum lindere ich mein Leid auf diese Weise und zahle eben den Preis dafür.

Erst wenn jemand von der Sucht frei geworden sei, könne er wieder als voll zurechnungsfähig angesehen werden, so die allgemeine Anschauung. Aber das stimmt in den meisten Fällen nicht. Nur dort, wo durch die vergiftende Wirkung von Substanzen das Gehirn bereits hochgradig geschädigt wurde, *kann* ein erwachsener Mensch nicht mehr verantwortlich entscheiden. Jeder andere kann es und tut es, selbst wenn er Suchtmittel verwendet, die eine erhebliche körperliche Abhängigkeit erzeugen. Der Verzicht auf den Stoff mag ungeheuer schwer für ihn sein, aber »schwer« ist nicht »unmöglich«! Jede Sucht ist eine Ausrede.

»Sucht liegt dann vor, wenn unsere Wünsche an ganz bestimmte Objekte gebunden, ja ›genagelt‹ sind«[133], heißt es in einem Fachbuch über Sucht. So verbreitet diese Anschauung auch ist, sie stimmt nicht. Der Süchtige ist an seine Droge weder genagelt noch gefesselt. Dieser Gedanke ist der große Selbstbetrug der Süchtigen und ihrer Helfer. Es stimmt genauso wenig wie die Behauptung eines Gekränkten, ein anderer habe ihn »verletzt«. Wenn es nicht körperlich geschieht, dann geschieht es überhaupt nicht. Ob ich verletzt reagiere oder nicht, hängt allein davon ab, wie ich das Verhalten und Reden des anderen selbst *bewerte*. »Sie haben mir ein Messer in den Rücken gestoßen«, warf mir vor Jahren ein gekränkter Mensch am Telefon vor, weil er mich sehr missverstanden hatte und sich als mein bemitleidenswertes Opfer ansehen wollte. Ich war wütend darüber und reagierte entsprechend, aber nicht, weil er es gesagt hatte, sondern weil ich seine Aussage als großes Unrecht mir gegenüber bewertete. So verletzten wir uns beide selbst. Ich wäre nicht wütend auf ihn gewesen, wenn ich eine andere Erwartung gehabt hätte. Ich hätte vielleicht etwas Ärger und Verachtung, aber wohl auch Mitleid verspürt, je nachdem.

Unsere Unfreiheit kommt nicht von außen. Wir produzieren sie uns selbst. Der Süchtige bindet sich selbst an den Gegenstand der Sucht und der Gekränkte verletzt sich selbst. Wer ein Suchtmittel gebraucht, entscheidet sich dafür. »Ich kann nicht anders, der Drang ist zu groß!«, behauptet er. Aber das ist die Ausrede. Die Wahrheit lautet: »Ich *will* nicht anders. Es ist meine eigene, freie Entscheidung. Niemand zwingt mich.« Jedes Suchtmittel ist, für sich genommen, völlig harmlos. Es gibt kein Suchtmittel, das einen Menschen versklavt. In Wirklichkeit bin nicht ich der Sklave meiner Sucht, sondern es ist genau umgekehrt: Ich halte mir diese Suchtgewohnheit als Sklaven, ich binde dieses Verhalten und diese Substanz mit Ketten an mich, ich bin keineswegs bereit, sie loszulassen.[134] Wenn ich wirklich wollte, wäre ich von einem Augenblick auf den anderen frei von der Sucht.

Die Voraussetzung für seelische Heilung ist Selbstannahme. Hier beginnt die heilsame Veränderung: Ich höre auf, mir etwas vorzulügen, und übernehme konsequent die Verantwortung für mein Verhalten. Das folgende Beispiel aus der Beratungspraxis veranschaulicht, was ich damit meine.

Unsinnige Schuldgefühle

»Ich weiß nicht, was mit mir los ist«, klagt mir Robin Icks in der Beratung. »In der Woche kann ich mich ja einigermaßen gut disziplinieren. Aber am Wochenende, wenn ich dann allein bin, versacke ich regelmäßig vor dem Fernseher.« Etwas verlegen fügt er hinzu: »Und dann zieh ich mir auch noch zu später Stunde die Pornosendungen rein.« Er seufzt: »Ich komme einfach nicht dagegen an!« Ich frage ihn, wie es ihm am Tag danach jeweils geht. »Bescheiden!«, antwortet er. »Ich fühle mich dann total schlecht!« – »Was meinen Sie mit ›schlecht‹?« – »Ja, schuldig eben. Ich hasse mich dann selbst und mache mir die größten Vorwürfe. Besonders, wenn ich mich dann auch noch selbst befriedigt habe«, ergänzt er leise. »Was bewirken Sie mit Ihren Selbstvorwürfen?«, frage ich weiter. »Ich mache mich fertig damit, das ist alles«, antwortet Herr Icks mit ironischem Lächeln. »Dann haben Sie also zwei Probleme für den Preis von einem, ja?«, frage ich. »Nicht nur, dass Sie den Fernseher nicht auskriegen, sich mit Pornografie volladen und den nächsten Tag halb verschlafen, sondern Sie haben auch noch für den Rest des Tages schlechte Stimmung und hohe Unzufriedenheit durch Ihr Schuldgefühl. Und damit helfen Sie sich aus der Krise!« »Nein«, wehrt Herr Icks ab, »natürlich nicht! Im Gegenteil: Nach so einem versauten Tag lasse ich mich erst recht hängen.« – »Hm«, überlege ich, »dann ist das also vielleicht ein Teufelskreis?« – »Ja«, bestätigt Herr Icks, »mit meinen Selbstvorwürfen entmutige ich mich.« – »Sie rauben sich selbst die Motivation zur Veränderung?« »Ja, genau. Ich erniedrige mich. Ich denke dann: Du bist doch der letzte Versager. Du schaffst es ja nie, da rauszukommen. Und dann ist es mir egal und ich lasse mich wieder treiben.«

Das ist noch nicht alles: Herr Icks isst auch ungesund und zu viel. Er hat Übergewicht – man sieht es ihm an. Und er bewegt sich viel zu wenig. »Ja, ich weiß, ich sollte eigentlich Sport machen.« Aber über das »Eigentlich« kommt er nicht hinaus.

»Wie wäre es, wenn Sie auf die Schuldgefühle am anderen Tag verzichten und stattdessen die *Verantwortung* für Ihre Entscheidungen am Vorabend übernehmen würden?«, frage ich Herrn Icks schließlich. »Ja, aber ich *mache* mich doch schuldig dadurch«, antwortet er verwundert. »Einerseits vielleicht schon«, sage ich, »denn es scheint so, dass Sie durch dieses Verhalten am Wochenende viel Energie verbrauchen, die Sie sinnvoller einsetzen könnten. Sehe ich das richtig?« Herr Icks bejaht. »Aber wie viel Schuldgefühl brauchen Sie, um das zu erkennen und zu bejahen? Tagelanges Schuldgefühl, das Ihnen die Stimmung verdirbt, Sie womöglich auch noch für Ihre Mitmenschen ungenießbar werden lässt und das Sie überdies noch dazu motiviert, sich am nächsten Abend *wieder* hängen zu lassen? Ich schlage vor, dass Sie nur noch solche Schuldgefühle bei sich selbst akzeptieren, die Ihnen weiterhelfen, und nicht solche, die Teil dieses Teufelskreises sind.« Herr Icks denkt nach. »Genau genommen ist dann das destruktive Schuldgefühl die noch größere Schuld, oder? Statt das Problem zu bewältigen, mache ich mir noch ein Problem mit dem Problem.« – »Ja, genau, darin *besteht* das Problem«, antworte ich. »Es kommt immer darauf an, wie Sie mit Ihrem Problem *umgehen*. Sie können sich ein Problem *mit* dem Problem machen oder Sie können das Problem als solches akzeptieren. Eine dritte Möglichkeit gibt es nicht. Nach Ihrem bisherigen Modell müssten Sie sich jetzt noch ein zusätzliches Schuldgefühl des Schuldgefühls wegen machen.« »Oh ja«, lacht Herr Icks, »und immer so weiter: ein Schuldgefühl des Schuldgefühls wegen des Schuldgefühls wegen ...« Wir lachen beide. »Ja, das klingt ziemlich unsinnig, nicht wahr?«, meine ich. »An welchem Punkt wollen Sie diese Spirale der Unvernunft verlassen?« – »Natürlich am besten gleich am Anfang«, antwortet Herr Icks. »Okay«, antworte ich zufrieden, »also dann spätestens am nächsten Tag, sobald sich das Schuldgefühl meldet. Womit können Sie dann Ihre Selbstvorwürfe ersetzen?« Herr Icks ist unsicher: »Was schlagen Sie vor?« – »Ehrlichkeit«, antworte ich. »Stehen Sie zu Ihren Entscheidungen am Vorabend. Sie haben genau gewusst, was Sie taten.« – »Ja, stimmt«, gibt Herr Icks zu, »mich hat niemand dazu gezwungen. Ich habe mich selbst dazu entschieden.« – »Sie selbst wollten den Fernseher nicht ausmachen. Sie selbst wollten noch den Sexfilm anschauen. Sie selbst wollten sich selbst befriedigen. Jedesmal haben Sie eine freie Entscheidung getroffen, im Vollbesitz Ihrer geistigen Kräfte. Im Moment der Entscheidung waren Sie der festen Überzeugung, *verantworten* zu können, wozu Sie sich entschieden. Und Sie wussten auch genau, was am nächsten Tag folgen würde: dass Sie den Vormittag verschlafen oder andernfalls ziemlich müde sein würden. Sie wussten um den Preis und Sie waren bereit, ihn zu zahlen.« – »Jetzt ist mir klar, warum Sie mich auffordern, zu mir zu stehen und selbst die Verantwortung auf mich zu nehmen«, überlegt Herr Icks. »Dieses Schuldgefühl ist eine Art Selbstmitleid. Eigentlich behaupte ich da: ›Ich habe es ja gar nicht wirklich gewollt, es ist nur so über mich gekommen, und das nächste Mal werde ich es bestimmt nicht mehr machen.‹ Aber damit belüge ich mich selbst. Ich *habe* es gewollt, nichts ist einfach so über mich gekommen.« – »Und das nächste Mal werden Sie es wieder wollen«, füge ich hinzu. »Und niemand wird sich Ihnen in den Weg stellen und sagen: Nein, nein, das *sollst* du nicht wollen!« Herr Icks schmunzelt: »Ehrlich gesagt, das hatte ich eigentlich von *Ihnen* erwartet. Aber diesen Gefallen tun Sie mir ja nun anscheinend nicht.«

Wir verabschieden uns und vereinbaren das Thema für die nächste Sitzung. Herr Icks möchte über die Selbstbefriedigung sprechen.

Das Problem mit dem Problem

»Welches Problem haben Sie mit der Selbstbefriedigung?«, frage ich Herrn Icks zu Beginn der Sitzung. »Ich fühle mich schuldig.« »Somit haben wir jetzt zwei Probleme zur Auswahl: die Selbstbefriedigung und das Schuldgefühl«, antworte ich. »Welches wiegt schwerer für Sie?« – »Die Selbstbefriedigung«, entgegnet Herr Icks. »Warum?« – »Weil ich mir wie ein elender Versager vorkomme, wenn ich es gemacht habe.« – »Hm«, überlege ich. »Ich stelle mir zwei Waagschalen vor: Auf der einen liegt die Selbstbefriedigung. Auf der anderen liegt Ihr Schuldgefühl. Meine Frage war, welches Problem mehr wiegt. Sie meinten, es sei die Selbstbefriedigung. Als ich aber nach dem Grund fragte, nannten Sie den Gedanken, ein elender Versager zu sein. Wenn ich zu mir sage: ›Du elender Versager!‹, dann mache ich mir damit ein depressives Schuldgefühl. Ist das bei Ihnen anders?« Herr Icks schüttelt den Kopf. »Nein, das ist bei mir genauso.« – »Dann legen Sie also doch den Gedanken ›Ich bin ein elender Versager‹ auf die Waagschale des Schuldgefühls?« – »Ja, Sie haben recht«, räumt Herr Icks ein. »Okay«, sage ich, »auf dieser Seite liegt also schon mal sehr viel Gewicht. Das drückt richtig runter. Aber was ist mit der anderen Seite: Was wiegt die Selbstbefriedigung für sich genommen? Um es noch konkreter zu sagen: Welchen Schaden richtet sie an?« Herr Icks denkt eine Weile nach und zuckt dann die Achseln. »Hm, so hab ich das bisher noch gar nicht gesehen. Schwer zu sagen. Ich bin nicht verheiratet und habe derzeit keine Freundin, also gibt es eigentlich niemanden, den ich damit kränke. Eigentlich passiert da ja gar nichts weiter. Oder doch: Ich beschäftige mich viel zu viel damit. Dadurch geht manchmal viel Zeit verloren. Ich schlafe dann zu wenig und am nächsten Tag fehlt mir die nötige Frische. Und ich schaue mir dann eben auch immer wieder diese Pornofilme an. Das bekommt mir nicht gut. Und außerdem: Ich habe den Anspruch an mich, dass ein richtiger Mann seine Sexualität unter Kontrolle hat. Ich möchte meine Sexualität gern einmal ausschließlich mit der Frau erleben, mit der ich verheiratet sein werde. Alles andere sind halbe Sachen für mich. Das befriedigt nicht wirklich. Das ist irgendwie immer ein Ersatz.« – »Darf ich das gerade mal für mich sortieren?«, fragte ich. »Sie sehen also, dass die Selbstbefriedigung keine optimale Lösung für Sie darstellt, sondern dass sie ein Kompromiss ist. Eigentlich wünschen Sie sich eine intime Beziehung zu einer Frau, und Sie würden lieber abstinent darauf warten und darauf zugehen, statt sich in der Zwischenzeit selbst zu befriedigen. Sie sind auch unzufrieden damit, dass Sie sich übermäßig viel damit beschäftigen und dass Sie sich noch zusätzlich mit Pornografie aufheizen. Sie spüren irgendwie, dass Ihnen das nicht guttut.« »Ja«, ergänzt Herr Icks ironisch, »das ist doch ganz klar: Ich habe schon genug Fantasien im Kopf – wenn ich dann aber noch diese Filme anschaue, werden sie nicht gerade weniger.« – »Es ist, als würden Sie Öl statt Wasser ins Feuer schütten?« – »Ja, genau.« An der Tafel fasse ich für Herrn Icks zusammen, was bis jetzt klar geworden ist:

- Selbstbefriedigung ist nicht optimal für mich. Aus meiner Sicht ist sie ein Ersatz für das Eigentliche. Ich würde mir wünschen, ohne sie zurechtzukommen.
- Ich füge mir selbst Schaden zu, indem ich mich übermäßig viel mit der Selbstbefriedigung beschäftige und indem ich meine Fantasie noch zusätzlich mit Pornografie aufheize.

»Habe ich Sie richtig verstanden?« Herr Icks nickt. »Gut«, sage ich, »dann können wir Punkt eins ja schon mal auf die Problem-Waagschale ›Selbstbefriedigung‹ legen. Und was denken Sie über Punkt zwei? Gehört der auch dorthin oder auf die Problem-Waagschale ›Schuldgefühl‹?« Herr Icks ist etwas irritiert. »Wieso zum Schuldgefühl?« – »Es ist nur meine Vermutung«, erkläre ich. »Ich frage mich, zu welchem Verhalten Sie sich durch Ihr Schuldgefühl motivieren. Ich stelle mir vor, dass Sie sich durch die Versagensvorwürfe selbst fertigmachen. Wenn man so richtig fertiggemacht wird, verliert man normalerweise den Mut. Und wenn man den Mut verloren hat, lässt man sich gehen. Wie erleben Sie das?« – »Ja, das stimmt«, bestätigt Herr Icks. »Wenn ich mich als völliger Versager fühle, dann gehe ich nicht gerade freundlich mit mir um. Genau, darüber sprachen wir auch das letzte Mal schon. Ja, das ist klar. Ja, dann lasse ich mich hängen. Und dann bleibe ich wieder vor der Glotze sitzen ...« – »... und dann nehmen Sie auch noch die Pornofilme mit ...« – »Ja, genau, und dann befriedige ich mich natürlich auch wieder selbst.« – »Aber mit schlechtem Gewissen.« »Ja, klar, und darum kämpfe ich dann auch die halbe Nacht dagegen an.« – »Und produzieren am nächsten Tag ein riesiges Schuldgefühl mit einer dreifachen Anklage: ›Ich habe meine Zeit vergeudet‹, ›Ich habe Pornofilme angeschaut‹ und ›Ich habe mich selbst befriedigt‹.« – »Ein Teufelskreis, oder nicht?« Herr Icks schaut mich fragend an. »Es scheint so«, fahre ich fort. »Wenn Sie das jetzt alles so betrachten, was denken Sie: Auf welcher Problem-Waagschale liegt das größere Gewicht?« – »Eindeutig auf der Schuldgefühlseite«, antwortet Herr Icks nachdenklich.

»Was meinen Sie«, frage ich am Schluss des Gesprächs, »wenn Sie das Gewicht von der Waagschale ›Schuldgefühl‹ wegnehmen würden, was würde dann von dem Problem ›Selbstbefriedigung‹ noch übrig bleiben?« Herr Icks schmunzelt. »Sehr wenig. Es wäre eigentlich kein wirkliches Problem mehr. Tja, es würde eben nur noch übrig bleiben, was auf der anderen Waagschale liegt: nicht optimal, aber auch keine Katastrophe. Ich würde mich freuen, wenn ich darauf verzichten und mich ablenken könnte. Aber wenn die Fantasien zu stark würden, könnte ich es auch zulassen.« »Ohne schlechtes Gewissen?« – »Ja, warum auch. Etwas unzufrieden wahrscheinlich, aber mehr auch nicht.« – »Und was denken Sie: Welche Auswirkung hätte das auf Ihr Disziplinproblem?« – »Ich würde mich nicht mehr selbst zur Sau machen. Ich könnte mir die ganzen Kämpfe sparen. Ich könnte wahrscheinlich auch auf die Pornofilme verzichten.« – »Warum?« – »Weil das Thema ganz einfach nicht mehr so wichtig für mich wäre. Ich würde nicht mehr diesen elenden Druck aufbauen. Ich würde mir erlauben, mich selbst zu befriedigen, aber ich würde mir auch erlauben, es nicht zu tun.« »Es würde eine Nebensache daraus?« – »Ja, und ich würde mich auf das konzentrieren, was ich eigentlich will.« – »Und es würde Ihnen gelingen.« – »Und dadurch würde mein Selbstwertgefühl größer werden.« – »Und das würde sich aufschaukeln: Sie würden Freude an der Disziplin bekommen, und mithilfe der Disziplin würden Sie erfolgreich das umsetzen, was Sie wirklich wollen, und das würde wiederum Ihr Selbstwertgefühl stärken und so weiter. Auch eine Spirale, oder?« – »Ja«, lacht Herr Icks, »ein Engelskreis.«

3. Neue Wege finden

3.1 Das Leben nehmen, wie es ist

Das Beratungsgespräch mit Herrn Icks neigt sich langsam dem Ende zu. Ich stehe auf und gehe zum Whiteboard, das an der Wand des Beratungszimmers hängt. »SELBSTAKZEPTANZ IST DIE VORAUSSETZUNG ZUR VERÄNDERUNG«, schreibe ich mit großen Buchstaben an die Tafel und erkläre: »Sonst geraten Sie immer in solch einen Teufelskreis.« Dann setze ich mich wieder hin und frage: »Was können Sie sich anstelle Ihrer Selbstvorwürfe sagen, um gar nicht erst in den Teufelskreis einzusteigen?«

Den Teufelskreis durchbrechen

»Jammer nicht rum, du hast es selbst so gewollt«, antwortet Herr Icks spontan. »Und jetzt lass die Sache hinter dir und mach das Beste aus dem verbleibenden Tag!« Ich freue mich: »Super! Das hört sich richtig gut an. Was mir besonders gefällt: Sie machen sich bewusst, dass Sie das, was nicht optimal oder sogar dumm gelaufen ist, nicht mehr ändern können. Es hilft nichts, daran hängen zu bleiben. Die beste Vergangenheitsbewältigung ist die bewusste Abwendung von dem, was nicht mehr zu ändern ist, um mit ungeteilt positiver Einstellung auf das zuzugehen, was vor mir liegt und was ich selbst so gestalten kann, dass es für mich befriedigend wird.« »Wenn ich das nicht tue und am Vergangenen hängen bleibe, gerate ich unweigerlich in einen Teufelskreis«, überlegt Herr Icks. »Genau«, antworte ich, »und es kommt ja auch übrigens nicht von ungefähr, dass man diese Kreise, die ja eigentlich in die Tiefe treibende Spiralen sind, dem *Teufel* zuschreibt. Sie sind sinnlos und destruktiv. Sie führen in die Verzweiflung und zerstören das Leben. Sie sind wie ein Strudel, der in den Tod zieht.« – »Und Selbstakzeptanz hebt den Teufelskreis auf?«, fragt Herr Icks. »Ja, das ist der Ausstieg. Denn ich mache mir kein Problem mehr mit dem Problem. Ich erlaube mir, das Problem zu haben. Es ändert nichts an meinem Wert. Ich habe das psychische Problem, weil ich ein Mensch bin, denn alle Menschen haben psychische Probleme. ›Irren ist menschlich‹ lautet der Titel eines Psychiatrielehrbuchs. Mir gefällt das sehr gut.«

Wer sich nicht erlaubt, psychische Probleme zu haben, der beansprucht für sich selbst, ein göttergleiches Wesen zu sein. Er macht seinen Wert von seiner Perfektion abhängig. Damit begibt er sich in eine brutale Zwangsherrschaft. Weil er ein Mensch ist, kann er es unmöglich vermeiden, psychische Probleme zu haben. Darum muss er sehr viel Energie aufwenden, um sie nicht zuzulassen. Dadurch macht er sich aber übermäßig viel Stress – und schon wirbelt es ihn wieder in einen Teufelskreis hinein, denn nichts lässt Probleme stärker wachsen als übermäßiger Stress. Ein typisches Beispiel ist die Angst vor der Angst. Dieses Phänomen ist ein wesentlicher Faktor bei den meisten Angststörungen: Durch den Anspruch, ein Angstproblem auf keinen Fall haben zu dürfen, erleben wir es als ständige Bedrohung. Zum Beispiel geriet Gabi Zett, eine andere Klientin, unter enormen beruflichen Stress, und gleichzeitig ging auch noch ihre Beziehung in die Brüche. Zum ersten Mal im Leben reagierte sie mit einer Panikattacke. Das passte überhaupt nicht zu ihrem Selbstbild. »Eine Gabi Zett kontrolliert ihre Gefühle!«, behauptete eine strenge, dominante Stimme in ihr. Sie gehorchte, indem sie alles daransetzte, kein zweites Mal einen solchen »Ausrutscher« zuzulassen: »Es wäre ganz schrecklich, wenn ich wieder eine Panikattacke bekommen würde. Das darf auf gar keinen Fall passieren!« Krampfhaft bemühte sie sich darum, der unangenehmen Erfahrung aus dem Weg zu gehen. Mit überhöhter

Wachsamkeit achtete sie auf kleine Anzeichen, die darauf hindeuten konnten, dass sich wieder eine Attacke anbahnte, und das bedeutete natürlich: Sie reagierte mit Angst darauf. Und je mehr sie sich darauf konzentrierte, desto mehr Angst bekam sie. So schaukelte die Angst sich auf, bis sie sich tatsächlich in der nächsten Panikattacke entlud. Und so war das Problem erst wirklich zum Problem geworden.

Selbstannahme bedeutet: Ich bin in Ordnung, auch wenn etwas bei mir nicht in Ordnung ist. In keinem Gesetzbuch der Welt steht, dass ich kein psychisches Problem haben darf. Niemand zwingt mich zur Veränderung; und wenn es doch jemand versuchen sollte, überschritte er damit die Grenze meiner Würde. Ich darf so sein, wie ich bin, wie ich geworden bin. Ich darf mir die Defizite meiner Lebensgeschichte erlauben, ich habe sie mir ja nicht ausgesucht, ich habe mich nicht selbst erzogen, ich bin erzogen worden. Ich darf die Mängel meiner Erziehung erkennen und verzeihen – so ist mein Leben nun einmal geworden und so ist es nun einmal mit meinen Verletzungen und Verletzlichkeiten. Sie gehören zu mir, genau wie meine Stärken. Ich bin nicht perfekt und niemand befiehlt mir, es zu sein. Oder doch?

Von Gott angenommen

Die Evangelien erzählen von der ständigen Auseinandersetzung zwischen Jesus und den Pharisäern, die sich sehr darüber ärgerten, dass und wie er mit den »Zöllnern und Sündern« verkehrte. Das waren die Außenseiter der jüdischen Gesellschaft: Menschen, die Schwäche zeigten, die irgendwie nicht zurechtkamen im Leben und die das ungeschickterweise nicht verbergen konnten. Die Pharisäer konnten es, aber es gelang Jesus meisterhaft, ihre Heuchelei zu entlarven. Als sich eine dieser »Sünderinnen« beim Ehebruch ertappen ließ und sie von einem Haufen empörter männlicher Sittenwächter zur Hinrichtung durch Steinigung geschleppt wurde, hielt er ihnen den Spiegel vor: »Wer unter euch ohne Sünde ist, der werfe den ersten Stein auf sie« (Johannes 8,7). Jesus wusste, dass sie den »getünchten Gräbern« glichen: außen sauber anzusehen, innen voller Moder und Verwesung. Sie lebten nicht, was sie so selbstgerecht präsentierten. Sie verdrehten das Recht, um den Schein gelebter Sittenstrenge zu wahren und dabei doch ihren egoistischen Motiven freie Bahn zu geben. Sie bauten sich Schlupflöcher, um unbehelligt ihren eigenen Trieben zu frönen. Sie selbst brachen die Ehe, indem sie die Würde der Frauen zerbrachen, sie zu rechtlosen Sklavinnen degradierten, sie sich nahmen und sie wieder fortschickten, wie es ihnen gerade passte.

Jesus verurteilte sie nicht, diese »Sünderin«. Er nahm sie an, wie sie war. Und darum, nur darum, hatte er die Vollmacht, ihr hinterher, als alle weg waren, liebevoll und sehr ermutigend zu sagen: »Du brauchst nicht mehr so weiterzuleben wie bisher. Sei aufrecht. Überlege, was du wirklich willst. Was bist du dir selber wert? Achte darauf. Schütze deine Würde.« Denn die Männer jener Zeit taten es nicht. Frauen waren für sie Menschen zweiter Klasse. Zum Ehebruch gehören immer zwei. Warum zerrten sie nicht auch den Mann zur Steinigung? Weil sie, diese pharisäischen Männer, ihn entschuldigten. Die Frau galt als »Einfallstor des Bösen«. Den Ehebruch des Mannes behandelten sie als Kavaliersdelikt. »Mach nicht mehr mit in diesem Unrechtssystem«, sagt Jesus ihr. »Lass dich nicht mehr missbrauchen. Komm diesen Männern nicht mehr entgegen. Sündige hinfort nicht mehr« (vgl. Johannes 8,11).

Die Evangelien zeigen, dass die »Zöllner und Sünder« nicht von Jesus angenommen werden, weil sie ihr Leben verändert haben, sondern dass sie ihr Leben verändern, weil sie auf überwältigende Weise erfahren, dass sie von ihm bereits bedingungslos angenommen *sind*. Jesus bringt ihnen uneingeschränkte Wertschätzung entgegen und schenkt ihnen vorbehaltlose Gemeinschaft. Er lässt sich nicht nur ein bisschen auf sie ein, sondern ganz. Er nimmt sie an, er teilt sein Leben mit ihnen, er ist, obschon so ganz anders, vollkommen einer von ihnen. So sucht und findet er sie, die Verachteten, die

Abgelehnten, die Ungewollten, Ungeliebten, die Gescheiterten. Er sucht sie *heim*: Er bringt sie nach Hause, indem er in ihre Fremde kommt und ihrem Leben durch seine Gegenwart Würde und Sinn gibt. Das ist sein Weg, der Weg der Liebe. Was die Pharisäer so empört, ist dieses: Er tut nicht nur so, sondern er *ist* so. *Ihr* Motto lautet: Erst die erkennbare Lebensveränderung schafft die Möglichkeit der Annahme. *Sein* Motto und das der Liebe heißt hingegen: Erst die bedingungslose Annahme schafft die Möglichkeit der Lebensveränderung. Gott liebt »unterschiedslos den wirklichen Menschen«, betont Dietrich Bonhoeffer in seiner Ethik und führt weiter aus:

>»Gott tritt auf die Seite des wirklichen Menschen und der wirklichen Welt gegen alle ihre Verkläger. [...] Jesus Christus ist nicht die Verklärung hohen Menschentums, sondern das Ja Gottes zum wirklichen Menschen, nicht das leidenschaftslose Ja des Richters, sondern das barmherzige Ja des Mitleidenden.«[135]

Für viele Menschen, auch für viele Christen, ist das ganz schwer zu begreifen, weil ihr Gottesbild von Angst dominiert ist. Wie sie über sich selbst denken, so denken sie auch über Gott: »Akzeptabel bin ich nicht bereits dadurch, dass ich ein Mensch bin, sondern nur dann, wenn ich gewisse Vorleistungen erbracht habe.« Aber im Neuen Testament erfahren wir, dass Gott uns völlig ohne Bedingungen akzeptiert, einfach nur, weil wir Menschen sind. Denn Gott liebt uns Menschen. Er liebt uns viel zuverlässiger, barmherziger und fürsorglicher, als wir es uns vorstellen können. Wenn wir ein Problem haben, macht er es uns nicht zum Vorwurf, sondern er leidet mit uns und ist aktiv bestrebt, uns herauszuhelfen, ohne dabei unsere Würde zu verletzen.

Das schönste und leuchtendste Beispiel dafür, dass wir bedingungslos von Gott akzeptiert sind, erzählt Jesus in dem Gleichnis vom »verlorenen Sohn«. Obwohl dieser sich durch eigene Schuld in große Not bringt, bleibt der Vater ihm unverändert liebevoll zugewandt, seine Tür bleibt weit geöffnet und der Sohn darf jederzeit wieder in die Geborgenheit seiner Nähe zurückkehren. Als der Sohn das auch tatsächlich tut, macht der Vater ihm nicht den Hauch eines Vorwurfs, sondern freut sich sehr über seine Rückkehr, schließt ihn in die Arme und feiert ein Fest mit ihm.

Da wir alle zumindest eine Ahnung davon haben, dass wir aus Gottes Sicht kaum besser mit dem Leben zurechtkommen als der »verlorene Sohn«, ist es aus unserer Perspektive eigentlich nicht vorstellbar, dass wir Gott tatsächlich so bedingungslos willkommen sind. Es ist zu schön, um wahr zu sein. Aber genau das ist der Sinn des Evangeliums. Übersetzt heißt Evangelium »Frohe Botschaft« oder »Gute Nachricht«. Das Evangelium ist die Mitteilung Gottes an uns, die uns begreifen lassen will, wie sehr er uns liebt. Es gibt keinen Haken an der Sache, kein Kleingedrucktes »Wenn und Aber«, das aus der Frohbotschaft dann doch die Drohbotschaft macht. Das, was eigentlich gar nicht geht, ist vollendete Tatsache: Gott liebt und akzeptiert uns, wie wir sind, bedingungslos. Wir sind schuldig vor ihm, aber er selbst nimmt alle unsere Schuld auf sich.

Weil Gott uns annimmt, wie wir sind, ist unsere Veränderung auch aus Gottes Perspektive kein »Muss«, sondern ein »Darf«. Unsere psychischen Probleme sind nicht wirklich ein Problem für Gott. Gott ist nicht persönlich beleidigt, wenn Herr Icks zu viel isst, sich zu wenig bewegt, zu viel vor dem Fernseher sitzt, Sexfilme anschaut und sich selbst befriedigt, wenn Frau Ypsilon sich wechselweise vollfrisst und hungert und wenn Frau Zett aus Sorge, sie könnte Schwäche zeigen, eine Panikstörung aufbaut. Nur narzisstisch schwer gestörte menschliche Tyrannen reagieren mit Wut und grausamen Sanktionen, wenn ihre Untertanen nicht wie die Marionetten funktionieren. Gott ist nicht *Big Brother*, der uns bis in die intimsten Winkel hinein argwöhnisch beobachtet, um mit peinlich genauer Exaktheit festzustellen, was gerade noch tolerierbar ist und was nicht, und wehe uns, wir übertreten seine Ordnung. Es ist schrecklich, wie leicht und wie oft wir aber genau das von Gott denken und ihm das unterstellen. Es ist wahr, dass er alles sieht. Aber immer und überall ist sein Blick voller Anteilnahme und Mitgefühl. Es kann nicht anders sein, wenn Gott die Liebe und nichts als die Liebe ist. Gott ist nicht daran interessiert, dass wir wie die Roboter funktionieren, sondern ihn bewegt nur das eine, wenn er sieht, wie wir uns mühen und trotzdem scheitern und versagen: uns zu helfen, dass wir *leben* können, sodass es wirklich Leben ist, echte und tiefe Erfüllung unserer wahren Bedürfnisse. Und wer das begreift, der kann mit jedem Laster sinnvoll umgehen, und vieles kann er wirklich verändern. Nicht, weil er muss, sondern weil er die Freiheit beansprucht, die ihm tatsächlich geschenkt ist.[136]

Selbstbefriedigungen

Kommen wir noch einmal auf die sexuelle Selbstbefriedigung zurück. Ich glaube nicht, dass sie grundsätzlich eine zynische Pseudo-Bedürfniserfüllung ist. Das Kriterium ist auch hier der Genuss. Geschlechtsreife Menschen, die keinen Partner haben oder vorübergehend darauf verzichten müssen, schaden weder sich selbst noch ihrer Beziehung, wenn sie sich auf eine Weise selbst befriedigen, die ihnen wirklich Genuss bereitet. Das geht aber nur, wenn sie dabei kein schlechtes Gewissen haben. Wo steht es eigentlich geschrieben, dass man sich nicht selbst befriedigen darf? In der Bibel jedenfalls nicht. Trotzdem machen viele Menschen, insbesondere Christen, ein riesiges Problem daraus. Sie führen einen erbitterten Kampf gegen den Drang zur Selbstbefriedigung und erliegen doch. Sie meinen, es handle sich um einen Glaubenskrieg, aber nicht der Gehorsam gegen den Willen Gottes ist ihr Problem, sondern ihr idealisiertes, perfektionistisches Selbstbild; ihr innerer Zwang, alles unbedingt im Griff haben zu müssen. Sie akzeptieren nicht, dass Freud nicht so ganz unrecht hatte, wenn er die Sexualität als eine sehr, sehr starke Lebenskraft verstand, die sich auch dann ihren Weg bahnt, wenn sie verdrängt wird, vergleichbar mit einem Fluss, dessen Strömungskraft einfach nicht aufzuhalten ist. Sie meinen, Sex sei wie ein Radiosender, den man beliebig ein- und ausstellen kann und wenn es ihnen nicht gelänge, läge es nur an ihrer fehlenden Disziplin. Und weil es ihnen nicht gelingt, halten sie sich für große Versager. Ihre massiven Selbstvorwürfe projizieren sie auf Gott: Sie fühlen sich ihm gegenüber entsetzlich schuldig und sind sich nicht sicher, ob er sie überhaupt noch brauchen könne und wolle. Das alles könnten sie sich sparen, wenn sie sich selbst akzeptieren würden, wie sie sind.

In der Tat: Selbstbefriedigung ist Ersatzbefriedigung bei sexueller Not und man muss nicht aus der Not eine Tugend machen. Ich will nur das eine sagen: Sich selbst zu befriedigen oder nicht ist eine freie Entscheidung. Es gibt weder ein »Muss«, das es verbietet, noch ein »Muss«, das es befiehlt, weder im Himmel noch auf Erden. Es ist besser für das Selbstwertgefühl und für eine bestehende Paarbeziehung, ohne Selbstbefriedigung auszukommen. Selbstbefriedigung ist ein Kompromiss. Es ist nicht schlimm, wenn wir Kompromisse schließen, sondern es ist dem Leben gemäß. Wichtig ist nur, dass sie nicht faul sind.[137]

Eigentlich ist es ja falsch, nur von »der« Selbstbefriedigung zu sprechen. Als gäbe es nur die sexuelle! Genau genommen ist alles, womit wir Lust erregen und Lust befriedigen, sofern wir es uns selbst tun, eine Form von Selbstbefriedigung. Und wenn wir es noch weiter eingrenzen wollen: Selbstbefriedigung ist alles das, was wir mit Lust tun, ohne es wirklich zu brauchen. Zum Beispiel in der Nase bohren oder, um angenehmere Beispiele zu wählen, der süße Nachtisch, die Duftkerze, das Musikstück im Radio. Während ich das schreibe, esse ich nebenher das zweite Käsebrot hintereinander, ausnahmsweise mit Butter, weil mir das besonders schmeckt. Ich hatte Hunger. Zwar war bis zum Mittagessen keine Pause mehr geplant, aber ich dachte, es würde meiner Konzentrationsfähigkeit helfen, den Hunger zwischenzeitlich zu stillen. War das zweite Brot nötig oder habe ich es nur gegessen, weil das erste so gut schmeckte? Ich bin nicht sicher. Die Frage beunruhigt mich aber auch nicht wirklich. Ich werde zu Mittag weniger essen als sonst, weil der Hunger kleiner sein wird. Mit den beiden Käsebroten habe ich ein Bedürfnis befriedigt: Ich hatte Hunger. Vielleicht war das zweite Brot aber auch zu viel und natürlich hätte ich auch auf die Butter verzichten können. Also gut, es mag sein: Ich habe ein klein wenig »gesüchtelt«. Das war Selbstbefriedigung, in der Tat. Und warum nicht? Zum Problem wird es nur, wenn ich das Maß verliere.

Gesunde Kompromisse

»Nicht ein ›absolutes Gutes‹ soll verwirklicht werden«, schreibt Dietrich Bonhoeffer in seiner Ethik, »vielmehr gehört es zu der Selbstbescheidung des verantwortlich Handelnden, ein relativ Besseres dem relativ Schlechteren vorzuziehen und zu erkennen, dass das ›absolut Gute‹ gerade das Schlechteste sein kann.«[138] Aus theologischer Sicht liegt der Grund dafür darin, dass wir in einer Welt leben, die nun einmal nicht so ist, wie sie sein sollte, und dass wir dieser Tatsache nirgendwo und auf keiner Weise entkommen können, selbst durch die größten Anstrengungen nicht. Auch die Existenz des Christen ist von A bis Z vom Zwiespalt durchzogen: Wir glauben an Gott, nehmen seine Gebote ernst, bejahen entschlossen den Weg der Nächstenliebe, nehmen sorgfältig die sich uns bietenden Möglichkeiten zur Überwindung unserer selbstsüchtigen Neigungen wahr, ringen um Veränderung. Wir suchen Gottes Nähe, lassen uns durch sein Wort und die Gemeinschaft der Mitchristen beschenken, setzen uns Gottes heilendem Licht aus, lassen uns von ihm trösten und ermutigen und gehen manchmal guter Dinge und manchmal nur noch tapfer Schritt für Schritt auf dem Pfad voran, der uns zum Ziel des Lebens führen soll, nach bestem Wissen und Gewissen, so wie wir ihn eben zu erkennen imstande sind. Wir verirren uns oder verweigern uns entmutigt dem Weitergehen, aber wir lassen uns auch wieder rufen und finden und gehen weiter. Und wir wachsen auf dem Weg: Immer deutlicher erkennen wir unsere Berufung, und wir erleben, wie sich andere auch durch uns beschenken und ermutigen lassen: Gute Frucht geht aus uns hervor.

Aber alles das enthebt uns nicht der Welt. Wir werden krank wie alle Welt, wir welken und sterben. Wir werden schuldig. Wir zweifeln. Wir sind ängstlich auf den eigenen Vorteil bedacht. Wir fürchten den Tod. Wir sind Teil dieser Welt, die nicht so ist, wie sie sollte, weil wir Menschen sind, und wir kommen nicht aus unserer Haut heraus, wir springen nicht über unseren Schatten. Wir sind aktive Bausteine der Strukturen dieser Welt, wir sind selbst wie diese: höchst ambivalent, zwiespältig, fragwürdig. Wir genießen Flugreisen und danken aufrichtig Gott für das Geschenk des Urlaubs; und der komfortable Flieger, in dem wir sitzen, verpestet die Luft. Wir kaufen bei Firmen, die sich auf Kosten der Ärmsten bereichern. Wir befürworten den Krieg gegen den Terror und nehmen dabei unzählige unschuldige Opfer in Kauf. Und sosehr wir auch auf Ökologie und Friedensliebe setzen mögen, wir entgehen nicht der Schuld. Wir beschwören die Aufrichtigkeit und lügen doch ständig im Umgang miteinander: »Mit freundlichen Grüßen«, schreiben wir und denken zugleich: »Oh, wie ich ihn hasse!« Wir zeigen Stärke und verbergen die Schwächen. Wir präsentieren stolz unsere Erfolge und verschweigen unsere Niederlagen. So sind und bleiben wir, auch wenn wir den Weg des Glaubens gehen.

»So oder so wird der Mensch schuldig und so oder so kann er allein von der göttlichen Gnade und der Vergebung leben«, schreibt Bonhoeffer.[139] Das heißt: Es geht nicht ohne Kompromisse. Und es darf auch so sein. Es ist gut so, obwohl es nicht das »absolut Gute« ist. Gott selbst hat es so eingerichtet. Gott selbst schenkt uns die Gnade, im Kompromiss zu leben, weil wir anders gar nicht leben könnten. Nirgends kommt die Erlaubnis Gottes für uns, im Kompromiss zu leben, in der Bibel deutlicher zum Ausdruck als im sogenannten »Noahbund«, den der Alttestamentler Gerhard von Rad eine »harte Paradoxie« und »eine der merkwürdigsten theologischen Aussagen im Alten Testament« genannt hat.[140] Dort sagt Gott nach der Sintflut:

> »Ich will hinfort nicht mehr die Erde verfluchen um der Menschen willen; denn das Dichten und Trachten des menschlichen Herzens ist böse von Jugend auf. [...] Solange die Erde steht, sollen nicht aufhören Saat und Ernte, Frost und Hitze, Sommer und Winter, Tag und Nacht« (1. Mose 8,21-22).

Von Rad meint, die Gnade Gottes sei

> »hier in fast unangemessener Weise dargestellt, nämlich fast wie ein Nachgeben, ja ein Sicheinstellen Gottes auf die Sündhaftigkeit des Menschen [...] Erfahren wird diese Gnade in dem unbegreiflichen Bestand der natürlichen Ordnungen trotz andauernder menschlicher Sünde.«[141]

Gott selbst stellt sich also zur Zwiespältigkeit dieser Welt und damit auch zum Sowohl-als-auch unserer menschlichen Existenz. Er bewahrt uns und die Welt, in der wir leben, trotz unseres schrecklichen zerstörerischen Potenzials. Er schenkt uns Ordnungen des Kompromisses. Er grenzt das Böse ein. Aber damit ist er noch nicht am Ziel. Diese Ordnungen sind vorläufig; es sind »Erhaltungsordnungen«, wie Bonhoeffer sagte. Sie sind noch kompromisshaft. Sie sind noch nicht das Eigentliche. Am Ziel stehen die völlige Überwindung des Bösen und die universale Herrschaft wahrer Liebe, das vollendete Reich Gottes in der Welt. Dorthin sind wir als Christen unterwegs. Und darum resignieren wir auch nicht angesichts der Vorläufigkeit. Danach sehnen wir uns, darum beten wir. Darin leben wir auch schon durch den Glauben: Wir wissen um die Macht der Liebe Gottes, wir haben sie am eigenen Leib erfahren, wir sind beseelt davon. Die Welt ist in Bewegung – Gottes Reich der Liebe kommt. Aber wir sind auch noch ganz in dieser Welt, wie sie eben ist, in dieser Menschheit, in der das Böse grausam große Macht hat, und wir sind schuldig und verantwortlich darin als ihr Teil. Darum ist der Zwiespalt mitten in uns. Wir sind nicht, wie wir sein sollten. Wir schaffen es nicht über den Kompromiss hinaus. Der allein schon ist Gnade, und was darüber hinausgeht, das wirklich Gute, das Gott trotzdem werden lässt, erst recht.

Mit einer Ethik der Kompromisse können wir nicht angeben, am allerwenigsten vor Gott. Es ist nicht wirklich gut, aber wir schaffen es nicht anders. Es ist nur eben besser als andere Lösungen. Schuldig bleiben wir so oder so. Das »relativ Bessere« im Unterschied zum »relativ Schlechteren« ist sehr oft nicht mehr als das geringere Übel. Darum ist die Bitte aus dem Vaterunser »Vergib uns unsere Schuld« zu jeder Zeit recht gebetet. Was unserem Leben und Zusammenleben letztendlich Sinn und gute Ordnung gibt, ist niemals unsere perfekte Ethik, sondern immer nur die Gnade Gottes. Gott sagt *trotzdem* »Ja« zu uns. Anders ist das Leben nicht zu haben. Und darum kommen wir auch nicht völlig ohne die »kleinen Laster« aus.

Es geht nicht darum, unsere Neigung zu Süchteleien ein für alle Mal gründlich auszurotten. Sie ist wie Unkraut: Das wächst ganz einfach immer wieder neu. Aber es kann in Schach gehalten werden! Hierin liegt der Unterschied. Wir können es schaffen, das Unkraut so weit einzudämmen, dass es jedenfalls das nicht mehr überwuchert, was wirklich wichtig für uns ist. Radikallösungen helfen nicht. »Radikal« kommt vom lateinischen *radix*, das mit »Wurzel« übersetzt werden kann. Radikallösungen wollen das Übel mit allen Wurzeln entfernen. Dahinter steht ein humorloses Bild vom idealen Menschen, das der Lebenswirklichkeit nicht entspricht. Es spielt keine Rolle, ob es das Bild des idealen Humanisten, Islamisten oder Christen ist, denn in jedem Fall gilt: Es stimmt einfach nicht. Es ist unbarmherzig und unwahrhaftig. Mit diesen radikalen Idealbildern überfordern wir uns selbst und widersprechen der Barmherzigkeit Gottes. Wir wollen uns nicht brutto akzeptieren, mitsamt unseren Schwächen. Unser Wert, so meinen wir, liege nur im Netto, und darunter verstehen wir makellose Güte. Das ist alles andere als christlich gedacht. Die Bibel stellt dieses Denken sogar auf den Kopf. Gott nimmt uns brutto an. Darum haben wir kein Recht, es anders zu halten.

3.2 Maß, Wert und Ziel

Viele Alltagssüchte lassen sich nicht durch Abstinenz überwinden: Arbeitssucht oder Sexsucht zum Beispiel bewältigt man nicht dadurch, dass man Arbeit und Sexualität abstellt. Im ersten Fall wäre es höchst unvernünftig, im zweiten ebenfalls, und außerdem geht es nicht, denn dazu ist der Trieb bei einigermaßen gesunden Menschen einfach zu stark. Mit Lösungsversuchen nach dem Motto »Entweder-oder« kommt man nicht weiter. Es muss ein vernünftiger Weg gefunden werden, der aus dem Übermaß ein gesundes Maß werden lässt.[142]

Finde dein Maß

Im Maßhalten liegt das Geheimnis des Genießens. Mäßigung führt nicht zur Mäßigkeit, sondern zur Steigerung der Qualität. Sehr oft gilt: Weniger ist mehr!

Die Grenzlinie zwischen Sucht und Freiheit ist durch einen Satz des Apostels Paulus markiert, den er an die junge christliche Gemeinde im antiken Korinth schrieb. Man pflegte dort einen exzessiven Lebensstil. Auch viele Christen hatten große Mühe, die Grenze zwischen Unmäßigkeit und Angemessenheit für sich zu finden. Sie hatten verstanden, dass der christliche Glaube alles andere als ein knechtendes, einengendes System von Verbotsparagrafen ist, das einem die Freude am Leben gründlich verdirbt. Darum betonten sie in der Diskussion mit ihrem Gemeindegründer Paulus, der sich kritisch zu ihrem Lebenswandel äußerte: »Es ist doch alles erlaubt!« »Ja«, antwortete der Apostel, »alles ist mir erlaubt, aber nicht alles dient zum Guten. Alles ist mir erlaubt, aber es soll mich nichts gefangen nehmen« (1. Korinther 6,12). Und an einer anderen Stelle erklärt er: »Alles ist mir erlaubt, aber nicht alles baut auf« (1. Korinther 10,23).

Unser Fremdwort für »aufbauend« heißt »konstruktiv«. Um diese Frage geht es: Was ist konstruktiv und was wird, weil es gefangen nimmt, destruktiv? Wodurch wird das Leben gefördert und wodurch wird es geschädigt und zerstört? Offensichtlich ist das sehr oft vor allem eine Frage des Maßes. Zum Beispiel spricht sich die Bibel an keiner Stelle gegen Alkohol und gutes Essen aus, aber an vielen Stellen redet sie sehr negativ vom »Fressen und Saufen«. Die Bibel hat gar nichts gegen den Lebensgenuss, ganz im Gegenteil. Aber sie hat viel gegen einen Lebensgenuss, der das Leben zerstört. So müssen wir es auch verstehen, wenn die Bibel einerseits sehr positiv von erotischer Liebe redet, teilweise in einer atemberaubend sinnlichen Ausdrucksweise wie im Hohelied, andererseits aber rigoros die »Unzucht« verurteilt. Paulus fragt die Korinther kritisch: »Seid ihr wirklich frei, ihr, die ihr eure Freiheit so betont?« Er hatte seine ernsten Zweifel, denn mehr und mehr zeigte sich, wohin die »große Freiheit« führte: in zunehmenden Egoismus. Jeder schien vor allem sich selbst der Nächste zu sein. Die Interessen und die Würde der Mitchristen wurden nebensächlich. Das Miteinander war gestört. So konnte es nicht weitergehen.

Verlust des Maßes bedeutet, gefangen zu sein. Ich lasse mich vom Fernseher bannen, ich kann mich nicht mit dem einen Glas Wein begnügen, ich bilde mir ein, nie mehr glücklich zu werden, wenn ich nicht die nächste Zigarette anzünde, ich verbunkere mich in der Pornowelt des Internets und finde den Weg nicht mehr zurück in die Wirklichkeit, aus dem Nur-mal-eben-Hineinklicken werden Stunden und Nächte. So kompensiere ich mein Beziehungsdefizit, und indem ich kompensiere, wird es größer, denn ich habe weder Raum noch Zeit für die Beziehung. Viel zu sehr bin ich mit mir selbst beschäftigt. Ich habe ach so viel Stress. Zeit für ein Gespräch in aller Ruhe? Nur einfach mal fragen, wie es XY geht? Oh nein, ich bin nicht disponiert dazu, nicht jetzt, nicht heute, später vielleicht, wenn ich meine Balance wiedergefunden habe. Ja, *wenn*. Aber sehr oft ist das Selbstbetrug. Das »Später« kommt nicht. Wer das Maß verliert, opfert dafür nicht nur den Genuss, sondern auch die Beziehung und damit die Liebe. Es sei denn, ich wechsle wirklich, ehrlich und auf Dauer aus der selbst gemachten Gefangenschaft in die Freiheit.

Wer Maß hält, so fanden schon die alten Griechen, ist geistig gesund. Die »Mäßigung«, auf Griechisch *Sophrosyne* genannt, galt den antiken Philosophen und später auch den Lehrern der Kirche als eine der vier »Kardinaltugenden«.[143] Sophrosyne ist, erklärt ein Altphilologe, »Sorgfalt und Klugheit der Lebensführung; eine maßvolle Ausgeglichenheit und Weisheit«[144]. Anselm Grün bezeichnet Sophrosyne als »das richtige Denken über die Wirklichkeit. Wir sehen die Wirklichkeit, wie sie ist. Wir machen uns von ihr keine Illusionen, keine falschen Vorstellungen.«[145] Seiner Herkunftsbedeutung nach meint das Wort »seelische Unversehrtheit«[146]. Es kann nicht nur mit »Mäßigung«, sondern auch mit »Vernunft« und »Besonnenheit« übersetzt werden.[147] Außerdem kann es die Bedeutung der altmodisch gewordenen Begriffe »Zucht« und »Keuschheit« haben[148], was heute wohl am besten mit »Disziplin« und »Selbstbeherrschung«[149] zu übersetzen ist. Sophrosyne ist die nüchterne, realistische Wahrnehmung der eigenen Möglichkeiten und Grenzen. Negative Gegenstücke des Begriffs waren Zügellosigkeit, Überheblichkeit und der Wahnsinn, die »Mania«, aber auch der Stumpfsinn auf der anderen Seite.[150] Sophrosyne ist, um eine Definition von »Vernunft« aus der Feder Erich Fromms aufzugreifen,

> »die Fähigkeit, objektiv zu denken. Die ihr zugrunde liegende emotionale Haltung ist die Demut. Man kann nur objektiv sein und sich seiner Vernunft bedienen, wenn man demütig geworden ist und seine Kindheitsträume von Allwissenheit und Allmacht überwunden hat.«[151]

Paulus stellt die »Mäßigung« in engen Bezug zu Liebe, Kraft und Mut, wenn er schreibt: »Gott hat uns nicht gegeben den Geist der Furcht, sondern der Kraft und der Liebe und der Besonnenheit«

(2. Timotheus 1,7). Für »Besonnenheit« steht hier Sophrosyne im ursprünglichen griechischen Text, für »Kraft« *Dynamis*. Durchaus in Übereinstimmung mit seinen philosophischen Zeitgenossen meint Paulus mit »Besonnenheit« gesundes Selbstbewusstsein: Besonnen ist ein Mensch, der sich darauf besonnen hat, was er kann und was nicht, wozu er da ist und wozu nicht, also einer, der beides kennt und bejaht: seine Gaben und seine Grenzen.[152] Sophrosyne ist die gesunde Balance zwischen Unterforderung und Überforderung und, auf Beziehungen angewendet, zwischen Nähe und Distanz.[153] Im Unterschied zu jenen Philosophen ist diese Haltung bei Paulus allerdings Wirkung des christlichen Glaubens.[154] Zusammenfassend können wir definieren: »Mäßigung« meint im paulinischen Sinn sowohl das Gegenteil einer entmutigten als auch einer übermütigen Glaubens- und Lebenshaltung. Sie findet sich dort, wo ein Mensch selbstbewusst zu seinen Gaben steht und sie dynamisch, das heißt mit kraftvollem, mutigem Einsatz im Geist der Liebe kultiviert, sodass dem Leben dadurch gedient ist und andere etwas davon haben.[155]

Um in der Balance der »Mäßigung« zu leben, brauchen wir zweierlei: ein gesundes Bewusstsein unserer Berufung und ein gesundes Bewusstsein unserer wahren Bedürfnisse.

Finde das Bessere

Kein Laster wird dadurch überwunden, dass man es ablehnt. Nichts, was wir wirklich und gründlich gelernt haben, verlernen wir wieder völlig. Können Sie schwimmen? Versuchen Sie mal, es zu *ver*lernen. Sie werden keinen Erfolg haben. Auch nach vielen Jahren des Nichtschwimmens werden Sie nicht ertrinken, wenn Sie ins tiefe Wasser kommen. Genau dasselbe gilt aber auch für Suchtverhalten: Wenn es einmal gelernt ist, dann gibt es eine Bahn dafür im Gehirn. Die kann jederzeit wieder aktiviert werden.[156] Es geht nicht darum, die Bahnen auszuradieren, denn das ist gar nicht möglich. Es geht darum, sie nicht mehr zu benutzen. Aber das gelingt nur, wenn es bessere Alternativen gibt, die wir uns bewusst gemacht haben und von denen wir überzeugt sind. Bessere Alternativen sind höhere Werte. Wilhelm Buschs Fips, der Affe, geht den Häschern in die Falle, weil er nach einer Banane gegriffen hat, die sie in eine ausgehöhlte Kokosnuss gesteckt haben. Das Loch in der Nuss ist gerade so groß, dass die ausgestreckte Affenhand hindurch passt, nicht aber die geschlossene Affenfaust mit der Banane. Fips kann nicht loslassen, denn als dummer Affe kennt er in diesem Augenblick keinen höheren Wert als den der Banane. Darum hängt ihm die Kokosnuss am Arm und das hindert ihn erheblich bei der Flucht. Und schon packen ihn die Affenfänger.

Das Problem jeglichen Suchtverhaltens besteht darin, dass wir dem Gegenstand der Sucht so viel Bedeutung geben wie Fips der Banane. Süchteleien und Süchte ersetzen die Befriedigung unserer eigentlichen Bedürfnisse und sie füllen das Vakuum, das dadurch entsteht, dass wir nicht wissen, wozu wir überhaupt da sind. Niemand wird von einem Laster frei, solange er keine bessere Alternative gefunden hat. Unsere wahren Bedürfnisse und unsere Berufung sind die höheren Werte, die wir brauchen, um loslassen zu können.

Ich kann mich rühmen, schon einmal aus eigener Kraft einen Trabbi hochgehoben zu haben. Nein, ich bin kein Kraftprotz. Es war in einem Technikmuseum. Dort hatten sie einen viele Meter langen Hebel aufgebaut, an dessen einem Ende der Trabbi hing. Die Besucher durften am anderen Ende den Hebel betätigen. Je länger der Hebel ist, desto größer ist die Krafteinwirkung. Jedes Kind konnte diesen Trabbi vom Boden abheben lassen.

Ob Trabbi oder Laster, das Prinzip ist gleich: Ein langer Hebel muss her. Jede Sucht kann ausgehebelt werden, wenn wir das Gegengewicht des höheren Wertes finden: unser Besseres. Es muss das *subjektiv* Bessere sein. Was kompensiere ich durch meine Süchtelei? Das führt zu einer wesentlichen nächsten Frage: Was will ich eigentlich *wirklich*? Ich! Nicht meine Oma, nicht der Staat, nicht einmal der »liebe Gott«. Das ist sogar wichtiger als die Fragen »Was kann ich?« und »Was ist gut für mich?«, denn diese sind schon wieder sehr geprägt von dem, was mir andere als Soll auferlegt haben. Der ehrgeizige Papa hat immer daran festgehalten, dass sein Söhnchen ein talentierter Geiger wird. Der Sohn hatte viel Mühe und wenig Freude damit, aber es hat sich ihm eingeprägt: Das ist es, was du können *sollst*. Aber es ist eben nicht das, was er *will*. Und darum kann er mit diesem Soll nicht glücklich werden.

Wenn wir »Mäßigung« sagen, dann denken wir natürlich vor allem an ein Zuviel im Sinne von »Übermut«. So wird der Begriff ja auch meist gebraucht. Aber auch die Mutlosigkeit entspringt einem Zuviel, nämlich dem Übermaß der Forderung. Die Töchter der Mutlosigkeit heißen »Faulheit« und »Trägheit«. Mutlosigkeit entsteht aus dem Gedanken, eine Hürde keinesfalls bewältigen zu können. Wenn ich davon überzeugt bin, es ja sowieso nicht zu schaffen, dann gebe ich auf und flüchte mich in Zeitvertreib.

Als ich auf das Gymnasium kam, war ich bald davon überzeugt, völlig unbegabt für Mathematik zu sein. Pädagogisch unfähige Lehrer bestärkten mich darin. Statt Verständnis und Zuspruch erhielt ich Druck und Tadel. Sie hielten mich einfach für faul. Ich bekam große Angst vor diesem Fach und hasste es. Ich war völlig blockiert. Diese schlimmen Erfahrungen waren ein wesentlicher Grund dafür, dass ich in der Pubertät völlig abhing und mich in Drogen flüchtete. Erst zehn Jahre später entdeckte ich, dass ich durchaus in der Lage war, sogar etwas kompliziertere Mathematikaufgaben gut zu lösen.

Das lähmende Soll

In meiner Beratungspraxis habe ich es auch immer wieder mit »faulen« Klienten zu tun. Herr Eff zum Beispiel ist zu nichts zu bewegen. Alles, was ihn anstrengen könnte, schiebt er auf. Er müsste dringend seine Diplomarbeit in Angriff nehmen, denn der erste Abgabetermin ist schon verstrichen. Er hat viel Zeit, aber er nutzt sie nicht. Nächtelang sitzt er vor dem Computer und vertieft sich in pornografische Websites. Am Tag danach fühlt er sich dann so müde, dass er stundenlang schläft. Dabei ist er bestens versorgt. Er ist gesund, hat gute Beziehungen und kann auch finanziell nicht klagen. Aber er tut nichts. Immer wieder versäumt er den Beratungstermin. Es gefällt ihm, über Hintergründe seines Problems zu spekulieren, aber er entzieht sich, wenn ich auf Veränderung zuarbeiten möchte.

Sein Vater hatte eine Autowerkstatt. Als Kind hätte er auch so gern gelernt, Autos zu reparieren. Aber wenn er in die Werkstatt kam und etwas helfen wollte, dann sagte sein Vater: »Das kannst du nicht. Lass mich das machen!« Und wenn er es doch versuchte, wurde er gleich kritisiert: »Du machst das falsch!« »Der Vater freut sich nicht, dass ich da bin«, folgerte er. »Ich bin für ihn nur eine Last. Er will mir auch nichts zeigen. Ich bin eben zu dumm dafür.« Er war sehr entmutigt und entwickelte eine stark pessimistische Lebenshaltung. »Es bringt ja doch nichts, wenn du dich anstrengst«, sagte eine Stimme tief in ihm. Also füllte er sein Leben anders. Und dafür bietet die moralisch vollkommen gleichgültige Unterhaltungsindustrie eben sehr viel sehr Bequemes an ...

Herr Eff tat sich schwer mit der Frage »Was will ich?«. Er hatte nicht erfahren, dass sein eigener Wille gutgeheißen wurde. Aber nur mit dieser Frage kommen wir zu uns selbst. Und nur, wenn wir zu uns selbst kommen, können wir Alltagssüchte überwinden. Ich glaube nicht, dass jemand *nichts* will. Gar nichts zu wollen ist völlige Bewegungslosigkeit. Das gibt es phasenweise in depressiven Stimmungen. Aber Depressionen entstehen oft gerade dadurch, dass man nicht gelernt hat zu fragen, was man eigentlich will. Man hat nichts als ein *Soll*. Dieses Soll erdrückt. Suchtverhalten entspringt einem unbewussten Konflikt zwischen dem, was einer eigentlich will, und dem, was er zu sollen meint, wogegen er sich aber im Grunde weigert. Das Soll liegt als bedrohlicher und bedrückender Schatten über dem Leben. Es fordert gnadenlos beides: unmenschlichen Verzicht und unmögliche Perfektion. Es sagt: »Hier und jetzt hast du dich nur für eines zu interessieren und dabei tadellos zu funktionieren: für das, was du *nicht* willst! Wenn du aber ungehorsam bist, wirst du gequält, und jeder Wert wird dir abgesprochen.« Das Soll ist ein-gebildet, im doppelten Sinn des Wortes. Wichtige Bezugspersonen haben es früher einmal vertreten, weil sie uns damit erziehen wollten – sie haben es in uns hineingebildet. Aber niemand zwingt uns, diesen Forderungen unser Leben lang Gehorsam zu leisten. Das bilden wir uns nur ein.

Peter Vaus Vater ist ein überaus leistungsorientierter Mensch. Peter ist überdurchschnittlich intelligent, begabt und sensibel. Wenn er als Kind seine Hausaufgaben erledigte, stand sein Vater hinter ihm. Wenn er etwas falsch machte, schlug ihn der Vater ins Genick. Wenn er eine Drei nach Hause brachte, sagte sein Vater: »Das kannst du besser!« In der Pubertät nahm Peter Zuflucht in Drogen. Er wurde schwer abhängig und musste einen langen Weg durchmachen, um wieder davon frei zu werden. Schließlich wurde er Christ, und sein Glaube half ihm sehr. Peter hat viel gelernt. Er überträgt nicht einfach sein Vaterbild auf Gott, denn er weiß, dass Gott ganz anders ist. Gerade diese Einsicht hat ihn ja für den Glauben gewonnen. Aber die traumatischen Erfahrungen mit seinem leiblichen Vater stecken noch in ihm. Immer wieder ertappt er sich dabei, wie er sich selbst unter großen Druck setzt, zum Beispiel als er umzog. Kurz davor bekam er einen Hexenschuss. Er musste alles Schwere seine Freunde machen lassen. Der Vater eines seiner Helfer kam, um diesen abzuholen. Er wusste nichts von Peters Hexenschuss. Als er sah, wie die anderen schufteten und Peter nur dabeistand, machte er eine abfällige Bemerkung. Peter hörte sie, und sie traf ihn am wundesten Punkt. Es schien ihm, als würde ihm der Boden unter den Füßen weggezogen. Tagelang war er wie betäubt. Am liebsten wäre er davongelaufen. Früher hätte er sich in den Rausch geflüchtet. Jetzt hielt er stand. Aber es war sehr schwer für ihn. Durch diesen älteren Menschen und seine unnötige, leichtfertige Bemerkung wurde Peter sehr stark und plötzlich an seinen eigenen Vater erinnert, so, als wäre er wieder das hilflose Kind, und der Vater selbst würde ihn gnadenlos verurteilen: »Du fauler Sack, aus dir wird nie etwas! Streng dich endlich an! Wenn du nur wolltest, dann könntest du!« Peter erzählte mir, dass er sich tatsächlich danach ernsthaft fragte, ob er sich den Hexenschuss nur eingeredet habe. Er war völlig verunsichert.

Suchtverhalten ist Trotzverhalten. Darum kommt man so oft mit Disziplin allein nicht weiter. Ja, es wäre wirklich sehr einfach für Robin Icks, um 22.30 Uhr den Daumen an der Fernbedienung drei Millimeter nach unten zu bewegen, um die Glotze zum Schweigen zu bringen. Nein, dieses Suchtmittel hat überhaupt keine Macht. Es ist vollkommen gefügig. Es gehorcht auf Knopfdruck. Ein perfekter Sklave! Am Fernseher liegt es nicht, sondern daran, dass Herr Icks ganz einfach nicht *will*. Und dafür hat er einen Grund: Er trotzt. Er hat gelernt, dass Verzicht von Erziehern angeordnet wird, um Leistungen von ihm zu erzwingen, die er nicht bringen kann und will, und die ihn quälen und abwerten, wenn er sich weigert. Darum macht er es so, wie er es schon als Kind gemacht hat: Er stellt sich quer. Er weiß sehr wohl, wie unsinnig das ist. Es ist wie ein Zwang für ihn. Weil er meint, gezwungen zu werden, meint er, rebellieren zu müssen. So verrückt das ist – er reagiert immer noch auf seine Erzieher. Gegen deren Mussforderungen hat er einen starken Schutzschild aufgebaut, sein eigenes Gegen-Muss: »Ich muss auf jeden Fall und immer sofort alles bekommen, was ich will. Ich darf auf keinen Fall verzichten, denn Verzicht ist Qual und Selbstabwertung.« Und damit raubt er sich selbst die Freiheit des Entscheidens.

Es ist wie »Buridans Esel«, der zwischen zwei Heuhaufen steht und verhungert, weil er sich nicht für rechts oder links entscheiden kann.

Oder eben wie bei Fips und der Kokosnuss. Irgendetwas müssen wir immer loslassen, wenn wir etwas anderes gewinnen wollen. Wer alles haben will, findet nichts. Der Motor einer Sucht ist der Zwang, nicht verzichten zu dürfen. Dieser mächtige irrationale Gedanke im Süchtigen behauptet, jeglicher Verzicht sei etwas ganz Unerträgliches. »Das darfst du dir auf keinen Fall zumuten! Du wirst elend zugrunde gehen, wenn du verzichten musst!« Das legt ihn lahm und bedrückt sein Gewissen. Er schafft sich eine Ersatzhandlung als »Trost« für sein Gewissen, indem er es durch die Sucht-Aktivität betäubt und sich gleichzeitig durch die Abhängigkeit und ihre Folgen bestraft nach dem Motto: »Wenn es mir durch mein Suchtverhalten schlecht geht, geschieht mir das ganz recht, denn wenn ich es tue, muss ich ja auch bestraft werden.« Aber auch für den abgedrängten eigenen Willen ist die Sucht ein trotziger Ersatz nach dem Motto: »Wenn ich schon nicht darf und kann, was ich will, dann will ich wenigstens das, was mich berauscht und zerstört – und ihr, die ihr meinen Willen geknechtet habt, seid schuld daran.«

Die wesentliche Frage

Den meisten Stress machen wir uns mit unseren engen Gedanken vom eigenen Leben. Den kleinen Peter Vau können wir ja gut verstehen: Er war abhängig von der Anerkennung seiner Eltern. Er war angewiesen darauf, dass ihm die Eltern vermittelten, was Wert hat im Leben. Aber das war einmal. Heute ist er zwanzig Jahre älter. Und dennoch verhält er sich immer wieder so, als würde sein Vater hinter ihm stehen und mit strenger Miene die Hausaufgaben betrachten. Und wenn er es täte – er hätte kein Recht dazu.

Was passiert eigentlich, wenn wir diesen verinnerlichten Diktatoren konsequent den Gehorsam aufkündigen? »Ich halte ja gern meine Eltern in Ehren. Aber als erwachsener Mensch habe ich keinen vernünftigen Grund, ihren unglücklichen Erziehungsversuchen weiterhin Folge zu leisten. Ich entscheide selbst!«

»Es ist schrecklich«, seufzt meine Klientin Eva Abe in der Beratungsstunde. »Immer fühle ich mich für meine Mitmenschen verantwortlich.« Sie macht sich unendlich viel Stress damit. Ihr ist auch klar, woher das kommt: »Meine Mutter hat mir das diktiert. Und sie selbst lebt auch so. Damit schnürt sie mir geradezu die Luft ab.« – »Was wäre eigentlich, wenn Sie auf diesen ganzen Druck konsequent verzichten würden?«, wage ich zu fragen. »Das geht nicht«, kommt es spontan aus ihr heraus, »dann wäre ich ja faul! Ich würde gar nichts mehr machen.« Auch das hat ihr die Mutter weisgemacht. Wir überlegen gemeinsam, wie das tatsächlich aussähe, wenn sie, die erwachsene Lehrerin, die recht gut in der Lage ist, ihr Leben zu bewältigen, es sich wirklich erlauben würde, »faul zu sein« und »nichts mehr zu machen«. »Wie sähe das dann zum Beispiel aus, wenn Ihre psychisch kranke Freundin Sie anrufen würde?«, möchte ich wissen. »Ich würde abnehmen«, antwortet Eva. »Warum? Weil Ihr innerer Antreiber ...?« – »Nein«, unterbricht mich Eva, »ich würde es *wollen*.« – »Es würde Ihnen selbst gefallen?« – »Ja, ich telefoniere doch gern mit ihr!« – »Und dann?« Eva überlegt. »Dann würde ich das Gespräch beenden, wenn *mir* danach wäre.« – »Sie würden sich nicht mehr wie bisher stundenlang ihre Leiden anhören?« – »Nein, ich hätte keinen Grund mehr, ihr Mülleimer zu sein.« – »Und wie ginge es Ihnen damit?« – »Sehr gut«, antwortet Eva und lächelt.

Die verinnerlichten Mussforderungen unserer Erzieher tun so, als wären sie unverzichtbar. Sie machen uns aber nur das Leben schwer. Sie sind der Hauptgrund für übermäßigen Stress. Wenn wir ihnen den Gehorsam aufkündigen, atmen wir auf. Endlich wagen wir es, einfach nur zu leben und uns des Lebens zu freuen.

»Was will *ich*?«, lautet die wesentliche Frage. Die Vorstellungen davon dürfen zunächst ruhig in Richtung Unendlich gehen. Aber sie dürfen nicht dortbleiben. Wesentlich ist, dass Bewegung ins Leben kommt, und die entsteht nur im Blick auf realisierbare Ziele. »Morgen, morgen, nur nicht heute«, sagen alle Leute, die sich mit realitätsfremden Fantasien selbst betrügen. Sie bewegen sich nicht. Nichts verändert sich.

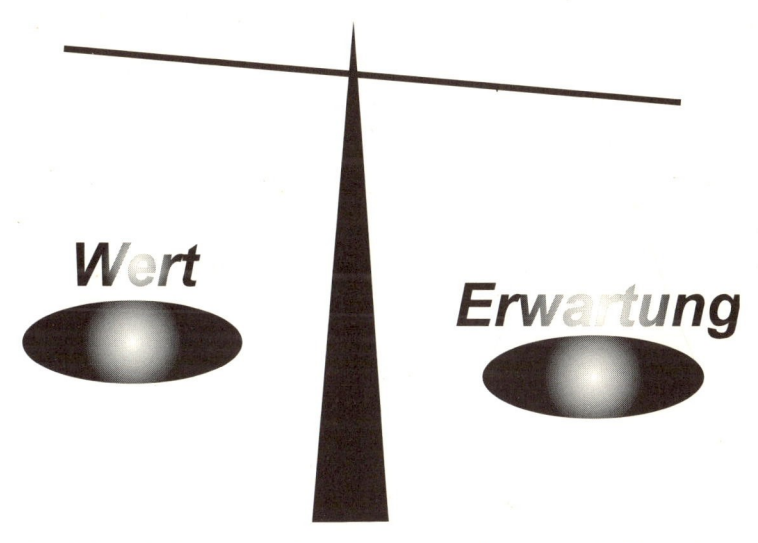

Abbildung 2: Es kommt darauf an, was mehr wiegt: die Erwartung oder der Wert.

Nicht die Tagträume sind das Problem. Die sind durchaus nicht zu verachten. In ihnen steckt immer etwas, das aus dem eigentlichen Wollen des Träumers hervorgeht. Die Frage ist nur, was das ist. Und wenn Sie sich das fragen, haben Sie schon eine Richtung für Ihren Weg. Daraus können konkrete Ziele werden. In der Beratung frage ich manchmal: »Wenn Sie jetzt einen Zauberstab hätten und problemlos alles verwirklichen könnten, was Sie sich im Geheimen wünschen, ganz ohne Rücksicht auf moralische Barrieren – was wäre das?« Was dann herauskommt, ist gar nicht so realitätsfern und unmöglich, wie die Klienten meist denken. Vor allem, wenn ich frage: »Und was würde das für Sie im realen Leben bedeuten?« Nun wird es dem Klienten klar: »Ja, das wollte ich eigentlich. Da schlägt mein Herz. Wenn das nur möglich wäre, ja, dann wäre ich am Ziel meiner Träume.« Erlauben Sie sich den Traum! Schreiben

Sie das Märchen Ihres Lebens. Machen Sie sich ein Bild von Ihrem persönlichen Happy End. Denn dort schlummert Ihre Vision. Und in der Vision liegt der höhere Wert.

Ein grundlegendes Modell der Motivationspsychologie sind die sogenannten »Erwartung-mal-Wert-Theorien« (siehe Abbildung 2).[157] Unsere Motivation setzt sich aus den beiden Faktoren »Erwartung« und »Wert« zusammen. Unter Erwartung sind die augenblicklichen Wünsche und Befürchtungen zu verstehen, die wir mit einem bevorstehenden Ereignis verbinden. Wenn uns etwas herausfordert, wägen wir ab: Hat der Wert eine geringere Bedeutung für uns als die augenblicklichen Wünsche und Befürchtungen, dann bestimmt er unser Handeln nicht. Wenn aber der Wert überwiegt, verzichten wir auf den aktuellen Wunsch und überwinden die aktuelle Angst. Wenn etwa eine Mutter, die unter starker Platzangst leidet, ihr Kind auf der anderen Seite einer großen öffentlichen Fläche in höchster Not sähe, würde sie ihre Angst da nicht für diesen Moment vergessen und ganz schnell hinüberlaufen?[158]

Es gibt interessante Untersuchungen hierzu. Zum Beispiel konnte man bereits durch einen geringen finanziellen Anreiz Leute, die sonst eine Riesenangst vor Schlangen haben, dazu bringen, eine Schlange anzufassen. Zuvor hatten die Testpersonen das als völlig unmöglich angesehen.[159] In einer psychiatrischen Klinik wurden versuchsweise schwer depressive Patienten dadurch geheilt, dass die Therapeuten ihnen systematisch demütigende und sinnlose Verrichtungen zumuteten. Selbst für diese Patienten, die es gewohnt waren, sich stets als Opfer und Verlierer zu sehen und die deswegen gar nichts anderes mehr erwarteten, kam der Punkt, an dem die eigene Würde höhere Bedeutung erreichte als die negative Erwartung. Sie warfen ihren Betreuern die dumme Arbeit wütend hin und als Folge der Erfahrung, sich effektiv wehren zu können, war die Depression überwunden.[160]

Mein Wille wird frei, wenn er sich seiner Werte bewusst wird. Das bedeutet, dass ich mir klarmache, was ich *wirklich* will. Worauf will ich hinaus? Auf welche Ziele lebe ich hin? Wenn wir so fragen, bekommt die Möglichkeit des Verzichtens auf einmal einen ganz anderen Charakter. Sie ist nicht mehr vom äußeren Soll her bestimmt, sondern nichts weiter als Teil unserer ganz persönlichen, ganz ungezwungenen Überlegung: Wenn ich dies und jenes erreichen will, muss ich dies und jenes investieren. Ein anderes Wort für »Investition« ist »zielgerichteter Verzicht«. Wer Geld investiert, dem steht es nicht gleichzeitig zur Verfügung. Wer in Arbeit investiert, erntet nicht gleichzeitig den Erfolg. Wer in Beziehungen investiert, erlebt nicht gleichzeitig die Tragkraft eines stabilen, gewachsenen sozialen Netzes. Das ist immer mit Risiko verbunden. Oft investieren wir umsonst. Dann ist es wichtig, es rechtzeitig zu merken, um nicht daran kaputtzugehen. Aber ohne Mut zum Risiko erreichen wir auch nichts. Jedes lohnende Ziel fordert eine Investition und jede Investition bedeutet mutigen Verzicht.

Wer seiner Berufung treu und gewiss ist, der verzichtet freiwillig auf die Erfüllung von Bedürfnissen, aber immer nur für eine Weile maßvoll und nüchtern um des höheren Wertes willen und nie aus Prinzip. Keine Berufung ist *gegen* die Erfüllung unserer wahren Bedürfnisse. Sonst ist sie nicht echt, sondern aus überstrengen, menschenverachtenden Mussforderungen geboren.

3.3 Leidenschaft statt Leidensflucht

Kennen Sie den Ogre? Das ist ein Himalajariese, der noch vor wenigen Jahren als unbezwingbar galt. Ich habe ein Buch über seine Besteigung. Auf der ersten Seite ist ein großes Foto von einem kleinen Menschen zu sehen, der zum Gipfel dieses gewaltigen Felsmassivs hinaufschaut. Dieses Menschlein ist einer der Erstbezwinger. Er stellte sich der Herausforderung. Er wich der Übermacht dieses Berges nicht aus. Und so reifte die Vision in ihm heran und mit der Vision die Suche nach dem Weg, es tatsächlich zu schaffen, und mit der Suche nach dem Weg auch der Glaube daran.

Lohnende Ziele

Jeder Mensch hat seine Lebensberge, die ihn herausfordern. Der Weg dahinauf ist das Gegenteil des Schlaraffenlandes. Und mancher Lebensberg ist so furchterregend wie ein Ogre. Aber wir leben am Leben vorbei, wenn wir die Herausforderung nicht annehmen und unsere persönliche Vision nicht erkennen und verwirklichen.

Alltagssüchte entstehen, wenn der Alltag allzu alltäglich ist, wenn es keine lohnenden Ziele zu geben scheint. Vom Ziel her zeigt sich der Weg. Daraus werden Schritte im Alltag. So verändern unsere Entscheidungen ihren Charakter. Sie verlieren die Beliebigkeit. Es geht nicht mehr um die Frage, ob ich gebratene Tauben oder Erdbeersahnetorte essen soll oder diesen und jenen Ersatz dafür. Es geht nicht mehr um das achselzuckende »Mit-irgendwas-muss-man-halt-seine-Zeit-Füllen«. Es geht um einen Weg und um die heutigen Schritte auf diesem Weg. Es geht um die Frage, welche Entscheidungen meinem Ziel dienen und welche nicht. Es geht um Prioritäten, die nicht von außen gesetzt sind, sondern von mir selbst, weil ich *weiß*, was ich will.

Und somit geht es auch im Alltag hier und heute darum, dass ich frage, was ich wirklich will. Natürlich stelle ich diese Frage in der Umwelt, die so ist, wie sie eben gerade ist. Natürlich bin ich eingebunden in ein System von Erwartungen. Vieles, was ich gern tun und lassen würde, kann ich nicht, weil es einfach nicht geht. Man kann den Ogre nicht bezwingen, wenn man versucht, die glatten Wände hochzukraxeln. Das ist ja gerade die Herausforderung bei den Lebensbergen: dass es so viele Hindernisse auf dem Weg hinauf gibt. Dass der Weg erst mühsam gefunden werden muss. Und dass dann vieles trotz sorgfältiger Planung doch ganz anders wird. Aber die Lebenshindernisse sind uns nicht zur Entmutigung gegeben, sondern zur Bewältigung. Und solche Hindernisse sind auch die Erwartungen anderer. Ich selbst kann entscheiden, ob ich ihnen genügen möchte oder nicht. Zum Beispiel habe ich die Freiheit, eine Verabredung einzuhalten oder nicht. Wenn ich es nicht tue, werde ich vielleicht Enttäuschung ernten, vielleicht auch Ärger. Möglicherweise habe ich aber einen guten Grund dafür, der mich das in Kauf nehmen lässt. Worauf es ankommt, ist nicht, ob ich darf oder nicht, sondern ob ich bereit bin, den Preis zu zahlen. Es kommt darauf an, dass ich abwäge. Was handle ich mir ein? Wie teuer ist das eigentlich? Kann und will ich die Rechnung bezahlen? Oder wäre eine billigere Variante vernünftiger, wäre weniger mehr? Was brocke ich mir ein? Ich werde die Suppe auszulöffeln haben. Alles ist erlaubt, aber es ist nicht alles konstruktiv. Was kommt heraus bei meiner Entscheidung? Dient sie dem Guten? Hilft sie weiter, und zwar nicht nur mir, sondern auch den anderen? Was kostet das? Lohnt sich dieses Opfer für mein Ziel?

Wesentlich ist die Richtung. Oft sind unsere Entscheidungen Kompromisse – warum auch nicht? Wir müssen auch Entscheidungen fällen, die sich später als unvollkommen, unglücklich oder schuldhaft zeigen, die wir aber brauchen, um zu lernen. Ohne Mut zum Risiko und daraus resultierenden Fehlern lernen wir nicht. Wenn Sie aber wirklich und konsequent danach fragen, was Sie *wollen*, dann werden Sie Ihre Entscheidungen viel weniger bereuen, als Sie fürchten. Sie werden erfahren, dass Sie entscheidungsfähig *sind*, dass es durchaus Sinn ergibt, was Sie sich überlegen und dann tun, auch wenn die Kriterien dafür oft subjektiv sind und Ihre Wahl manchmal zunächst die zweit- oder drittbeste Lösung trifft, weil Ihnen für die beste noch die Sicht fehlt.

Mut zur Unvollkommenheit

Das kategorische Soll kann die Fähigkeit zu einer Handlung, die für sich genommen sinnvoll wäre, blockieren – man kann das dann nicht wollen, weil man es soll. Die Mutter wünscht sich zum Beispiel, ihre Tochter möge die schönen blonden Haare nicht färben, aber die kann das nicht auch wollen, obwohl sie im Grunde genommen zustimmen würde. Also färbt sie ihr Haar trotzdem grün, obwohl sie spürt, dass es nicht ganz das Wahre für sie ist, und trotzdem macht sie sich hübsch. Ein Kompromiss – und warum nicht?[161] Wenn sie sich gesund entwickelt, wird sie wachsen. Jetzt noch handelt sie an diesem Punkt unfrei, während sie sich schon in anderen Punkten um das Urteil ihrer Mutter nicht mehr sorgt. Aber sie wird auch damit fertig werden. Nicht nur Jugendlichen geht es so. Auch als Erwachsene wachsen wir. Immer sind wir irgendwo noch unfertig, abhängig, kompensierend. Es kommt nur darauf an, dass wir unsere Ziele erkennen und uns mutig darauf zu bewegen.

Ständig gehen wir Kompromisse ein, zum Beispiel wenn wir betont höflich zu einem Menschen sind, mit dem wir eigentlich ein Hühnchen zu rupfen hätten. Wir ahnen oder wissen, dass dieses Verhalten zu wünschen übrig lässt, denn richtig ehrlich ist es ja nicht. Aber sollten wir uns dadurch aufhalten lassen, indem wir es problematisieren? Im Augenblick können wir es nicht besser. Wir sehen keine Alternative. Wir brauchen den Mut zur Unfertigkeit, um leben zu können. Wir müssen wissen, dass wir nicht ohne Gottes Gnade existieren können. Zu fragwürdig sind wir in unserem ganzen Denken und Handeln. Das heißt ja keineswegs, dass alles sinnlos ist und dass die Gestaltung des Lebens von vornherein zum Scheitern verurteilt ist. Leben kann und soll gelingen! Aber dies ist in die Rechnung einzubeziehen: »Wir stolzen Menschenkinder sind eitel arme Sünder und wissen gar nicht viel.«[162] Wem das die Lust zum Leben lähmt, der versteht es falsch. Ein Wegweiser ist diese Erkenntnis: »Sei demütig; bilde dir, kleiner Mensch, nicht zu viel auf das ein, was du erkennen und leisten kannst. Und sei barmherzig, mit anderen und mit dir selbst. Was du so schnell beurteilst, stellt sich aus Gottes Sicht vielleicht ganz anders dar. Dein Mitmensch und du, ihr lebt beide ganz von seiner Gnade. Und nimm dich darum auch selbst nicht so tierisch ernst. Du bist nicht der Mittelpunkt der Welt.«

Gott ersetzt unseren Willen nicht durch seinen. *Wir* entscheiden, und wir sollen es auch. Es kommt nur darauf an, dass wir nicht seinen Willen durch *unseren* ersetzen. Wir dürfen wollen, wir dürfen entscheiden. Aber wir müssen dabei immer wissen, dass wir nicht die Meister und Herren unseres Lebens sind. Das hat *Gott* in der Hand. Wenn uns darum etwas gelingt, sind wir ihm Dank schuldig. Es ist nicht selbstverständlich. Und wenn wir etwas beginnen, ist Gebet angebracht. Nicht, dass wir bei jeder neuen Entscheidung erst beten müssen. Gott würde uns sehr oft freundlich antworten: »Was fragst du denn jetzt schon wieder mich? Du kannst doch selbst nachdenken. Was willst eigentlich *du*? Habe doch mehr Mut!« Aber darum geht es: dass wir uns mit unserem Nachdenken und Entscheiden ihm anbefehlen. Dass wir ihn bitten, in seinem Sinn entscheiden zu können. Dazu brauchen wir ihn unbedingt. Niemand kann sich dagegen absichern, die falsche Richtung zu wählen. Auch wenn wir uns in Klostermauern sperrten, fänden wir diese Sicherheit nicht. Wer sagt mir denn, dass ich dort nicht zum frommen Egoisten werde, zum üblen Pharisäer vielleicht? Wir können uns nicht absichern, aber Gott kann uns halten.

Genauso kann er uns auch einen Strich durch die Rechnung machen. Der Mensch denkt, Gott lenkt. Wir verfolgen fröhlich unsere Pläne und stehen plötzlich vor einem Graben. Ein Grab kann so ein

Graben sein. Es geht nicht mehr weiter. Und dann denken wir: Jetzt ist alles aus. Wirklich? Zunächst scheint es so. Aber der Weg geht weiter. Nur anders, als wir uns ihn vorstellten. Nicht mehr glatt geradeaus. Eine Umleitung, eine holprige Baustellendurchfahrt, ein Trampelpfad, eine Kletterpartie. Aber es geht weiter. Vielleicht müssen wir unsere Ziele neu definieren, weil zuvor Erreichbares zu sehr in die Ferne rückt. Sollte das Leben darum schlechter sein? Sollten wir deshalb die Lust am Leben verlieren? Wieder gilt es zu fragen: Was will ich? Was will ich *jetzt*? Und dann tun wir einen Schritt und dann noch einen, und schon sind wir auf dem guten Weg, auch wenn er neu und anders ist.

Als das Volk Israel durch die Wüste zog, wurde es durch eine *Wolke* geleitet. Sie schwebte den Wandernden stets vor Augen und gab ihnen dadurch die Richtung vor (vgl. 4. Mose 9,15-23). Wolken sind in der Bibel immer wieder Symbole der Gegenwart Gottes. Unter seiner »Wolke« sein heißt unter seinem Schutz und Segen sein, wie unter dem »Schatten seiner Flügel« (Psalm 91,1f). Das, was dem Einzelnen auf seinem Weg durch das Leben vor Augen schwebt, weil Gott es ihm schenkt, damit er sich orientieren kann und Sinn im Weitergehen findet, ist seine Berufung. Die Wolke ist das Ideal, das Leitbild, die Vision. Solange wir unterwegs sind, erreichen wir sie nicht, aber indem wir ihr folgen, wird, Schritt für Schritt, etwas davon zur Wirklichkeit.

Entdecke die Berufung

Das, was uns am meisten motiviert, ist das, was den höchsten Wert für uns besitzt. Dort ist unser Herz. Wo unser Herz ist, da ist unsere Berufung. Wer wirklich »mit dem Herzen sieht«[163], kann nicht herzlos sein. Es gibt keine Berufung zur Hartherzigkeit, sondern die Herzenssache »Berufung« kommt immer *von* Herzen, darum geht sie auch *zu* Herzen, wo sie als solche wahrgenommen wird.

Berufungen zum Bösen sind darum in Wahrheit Pseudoberufungen. Herzensangelegenheiten sind niemals böse, denn sie sind aus dem Leben geboren und dienen dem Leben. Wenn Jesus sagt: »Wo dein Schatz ist, da ist auch dein Herz [...] Ihr könnt nicht Gott dienen und dem Mammon« (Matthäus 6,21.24), dann stellt er damit keine echten Alternativen einander gegenüber, sondern, wie immer, die Wahl zwischen Lüge und Wahrheit. Man kann sich der Lüge verschreiben, sodass man scheinbar ungeteilten Herzens zum Lügner wird, aber Lüge ist immer auch Selbstbetrug. Der Lügner lügt sich selbst etwas vor. Die Alternative »Mammon« ist, wie die Bibel sehr deutlich zeigt, eine Scheinalternative. Die Sünde besetzt unser Herz durch die Lüge. Aber es ist eine Fremdherrschaft. Wenn wir jedoch erkennen, was unser Herz in *Wahrheit* sagt, erkennen wir auch unsere Berufung.

Wir tun uns schwer, das Wort »Berufung« zu gebrauchen. Ich glaube, dass es zwei Gründe dafür gibt: Entweder halten wir Berufung für etwas ganz Außergewöhnliches, das uns gewissermaßen vom Himmel herunter widerfahren muss, oder wir haben uns zu wenig Gedanken darüber gemacht, ob der eingeschlagene Weg wirklich Gottes Weg mit uns ist, und wir leben einfach nur so in den Tag hinein.

Es ist besser, bewusst hier und heute das Leben zu bejahen und aktiv zu gestalten, als einfach nur so in den Tag hineinzuleben. Sonst fehlt der Sinn. Und an die Stelle des fehlenden Sinns treten dann negative oder positive Illusionen über unser Leben. Mit negativen Illusionen machen wir uns weis, dass wir sowieso nichts Besonderes im Leben zu erwarten haben: »Ich und Berufung? Dass ich nicht lache. Ich doch nicht.« Mit positiven Illusionen malen wir uns aus, dass es irgendwann einmal, an einem Tag X, so weit sein wird: »Dann wird mir die Traumfrau begegnen. Dann wird Gott glasklar zu mir sprechen. Dann ...« Sowohl die negativen als auch die positiven Illusionen verzerren die gegenwärtige Realität und machen es schwer, sich für diesen Tag heute und die nahe Zukunft berufen zu fühlen. Aber nur dann können wir wirklich zufrieden sein.

Die negativen Illusionen sind Unglaube, die positiven Schwärmerei. Der Unglaube wirft der Schwärmerei zu Recht vor, Mäßigung und Nüchternheit durch Rausch zu ersetzen, die Schwärmerei hält dem Unglauben zu Recht entgegen, dass ihm Leidenschaftlichkeit, Hingabe und Begeisterung fehlen und dass er darum nichts Rechtes bewirke. Wer aber in seiner Berufung lebt, wird beiden Anliegen gerecht: Er ist leidenschaftlich nüchtern. Er ist mit wachen Sinnen voller Begeisterung. »Sauft euch nicht voll Wein, woraus ein unordentliches Wesen folgt, sondern lasst euch vom Geist erfüllen«, schreibt Paulus im Brief an die Epheser (Epheser 5,18). Die Erfüllung mit dem Heiligen Geist Gottes ist demnach das Gegenteil rauschhafter Ekstase. Der Philosoph Emmanuel Lévinas stellt der Ekstase den Enthusiasmus gegenüber. »Ekstase« meint ein Außer-sich-Sein, während das Wort »Enthusiasmus« aus *en* und *theos* zusammengesetzt ist und darum genau genommen »In-Gott-Sein« bedeutet.[164] Lévinas schreibt: »Leben ist nicht Ekstase, sondern Enthusiasmus. Und der Enthusiasmus ist nicht Trunkenheit, sondern Nüchternheit. Nüchternheit, die immer noch nüchterner werden muss.«[165] Vielleicht kann die Unterscheidung helfen, um die gesunde Mitte zu finden. Im Wort »Enthusiasmus« schwingt ja auch ganz stark die Komponente der Be-Geisterung mit. Berufung ist, wo dauerhafte Motivation ist. Wozu wir wirklich motiviert sind, davon sind wir immer auch begeistert. Die alten Kirchenväter prägten den paradoxen Begriff der »nüchternen Trunkenheit«, um die Erfüllung mit dem Heiligen Geist zu kennzeichnen.[166] Gegen Lévinas ist allerdings einzuwenden, dass die »nüchterne Trunkenheit« durchaus auch ein völlig selbstvergessenes Aus-sich-Herausgehen sein kann.[167] *Flow* zum Beispiel ist eine durchaus nüchterne sanfte Ekstase.

Eines kann jedenfalls festgehalten werden: Die Leidenschaftlichkeit der Berufungsgewissheit findet sich dort, wo nüchtern, unverzerrt, klar und maßvoll begeisternde Wirklichkeiten wahrgenommen werden.

Aaron T. Beck, ein Verhaltensforscher, der die Wirkung von verzerrtem Denken sehr genau untersucht hat, urteilt:

»Am glücklichsten scheinen Menschen bei der Ausübung von Tätigkeiten zu sein, die sie gut beherrschen [...] In solchen Augenblicken scheinen sie keiner Verzerrung zu bedürfen [...] Das dauerhafteste Glück bietet wahrscheinlich die innere Befriedigung, die man aus einer Tätigkeit zieht, welche man um ihrer selbst willen ausübt, nicht, um von anderen gelobt zu werden oder mit anderen zu konkurrieren.«[168]

Um im Hier und Heute unsere Berufung zu finden, brauchen wir also Aufgaben, die wir um der Sache willen aus Überzeugung wahrnehmen, Tätigkeiten, die uns liegen, die wir gern tun, die wir als sinnvoll ansehen, für die wir uns kompetent fühlen. Und dann sind wir auch auf der Spur unserer Berufung.

Wenn wir im Hier und Heute einfach nicht zufrieden sein können, wird die Frage nach der Berufung bedrängend. Es kann sein, dass wir im Hier und Heute gar nicht wirklich glücklich sein können, weil entweder die äußeren Umstände unmenschlich sind oder die Tätigkeit uns einfach nicht liegt. Die Unzufriedenheit mit dem Zustand kann dann nur *einen* Sinn haben: zielstrebig Veränderung herbeizuführen. Eine Veränderung kann aber auch darin bestehen, eine Illusion zu begraben und einen Zustand anzunehmen, wie er nun einmal ist. Doch dann muss auch das die beste zugängliche Alternative und darum eine sinnvolle Entscheidung sein. Sonst landen wir in den negativen Illusionen der Resignation: »Ach, es hat ja doch alles keinen Zweck.« Aber dazu sind wir sicher nicht berufen.

Das innere Muss

Der große Dichter Rainer Maria Rilke antwortete einem jungen Mann, der ihn fragte, ob er selbst Dichter werden solle:

»Sie fragen, ob Ihre Verse gut sind. Sie fragen mich. Sie haben vorher andere gefragt. Sie senden sie an Zeitschriften. Sie vergleichen sie mit anderen Gedichten, und Sie beunruhigen sich, wenn gewisse Redaktionen Ihre Versuche ablehnen. Nun ... bitte ich Sie, das alles aufzugeben. Sie sehen nach außen, und das vor allem dürften Sie jetzt nicht tun. Niemand kann Ihnen raten und helfen, niemand. Es gibt nur ein einziges Mittel. Gehen Sie in sich. Erforschen Sie den Grund, der Sie schreiben heißt; prüfen Sie, ob er in der tiefsten Stelle Ihres Herzens seine Wurzeln ausstreckt, gestehen Sie sich ein, ob Sie sterben müssten, wenn es Ihnen versagt würde zu schreiben. Dieses vor allem: Fragen Sie sich in der stillsten Stunde zur Nacht: Muss ich schreiben? Graben Sie in sich nach einer tiefen Antwort. Und wenn diese zustimmend lauten sollte, wenn Sie mit einem starken und einfachen ›Ich muss‹ dieser ernsten Frage begegnen dürfen, dann bauen Sie Ihr Leben nach dieser Notwendigkeit; Ihr Leben bis hinein in seine gleichgültigste und geringste Stunde muss ein Zeichen und Zeugnis werden diesem Drange.«[169]

Berufung ist das innere Muss. Das äußerliche Muss sind die lebensschädigenden Forderungen, die von anderen an uns gestellt werden, die meinen, uns auf diese Art erziehen zu sollen. Wirklich frei davon werden wir nur, indem wir unser *inneres* Muss entdecken, ernst nehmen und seiner Stimme folgen. Wer dem inneren Muss nicht gehorcht, der gehorcht dem äußeren, und viele, die das tun, vertreten es auch wieder anderen gegenüber, umso stärker, je größer ihre Macht ist. Daraus entstehen die Teufelskreise der Unfreiheit, zum Beispiel dort, wo Aufträge nicht den Begabungen und Fähigkeiten gemäß vergeben werden, sondern äußeren Vorteilen und Konventionen entsprechend. In der Kirche zeigt sich das in der Diktatur von Institution und Amt. Schon Luther klagte, dass die kirchlichen Amtstitel »Bezeichnungen nicht für Dienst, sondern für Würde und Macht geworden« seien. Ihre Inhaber seien »Diebe und Räuber«[170], Schafhüter ohne das innere Muss des guten Hirten, die sich selbst in Szene setzten und die Anbefohlenen zu ihrem eigenen

Vorteil missbrauchten.[171] Noch 400 Jahre später fand der evangelische Bischof Hermann Bezzel: »An den unberufenen Mitarbeitern geht die Kirche zugrunde.« Anscheinend haftet dieses Problem sehr penetrant an uns Christen.

Das innere Muss legt *Gott* in unser Herz. Darum ist auch *jede* Berufung, wenn sie echt ist, von Gott. Und darum passt es auch, von *Begnadung* zu sprechen. Der begnadete Künstler ist der offensichtlich berufene Künstler, der Künstler sein *muss*, weil er darin, und nur darin, Erfüllung seines Lebens findet.

Weil Berufung Gnade ist, ist sie auch Geheimnis. Gottes Kriterien der Berufung sind anders als die üblicherweise menschlichen. Als Samuel von Gott dazu beauftragt wird, einen von den Söhnen Isais zum König von Israel zu salben, lässt er sich zunächst vom äußeren Eindruck leiten. Als er deshalb den falschen Kandidaten aussucht, widerspricht ihm Gott: »Sieh nicht an sein Aussehen und seinen hohen Wuchs; ich habe ihn verworfen. Denn nicht sieht der Herr auf das, worauf ein Mensch sieht. Ein Mensch sieht, was vor Augen ist; der Herr aber sieht das Herz an« (1. Samuel 16,7). Ohne diese Korrektur wäre es Samuel nie eingefallen, dass der Außenseiter *David* gemeint sein könnte. Er war ihm noch nicht mal vorgestellt worden. Niemand wäre auf die Idee gekommen, dass es ausgerechnet David sein sollte. Diese Umkehrung des menschlichen Eindrucks ist ein Grundprinzip des Erwählungshandelns Gottes in der Bibel. Ständig sucht Gott sich Menschen für wichtige Aufgaben aus, die es »eigentlich« nicht sein könnten. Viele Letzte macht er zu Ersten und viele Erste zu Letzten.

Schon der antike Stoiker Epiktet (von dem der berühmte Satz stammt, nicht durch die Ereignisse selbst werde die Seele verletzt, sondern durch die Gedanken, die sich der Mensch darüber mache) betonte, dass die Berufung des Menschen erst dann zur wahren Erfüllung komme, wenn er nicht nur seiner natürlichen Veranlagung gemäß lebe, sondern diese auch in Übereinstimmung mit dem Willen Gottes bringe. Und der Wille Gottes wiederum führe den Menschen dahin, vor allem für die Menschlichkeit Sorge zu tragen.[172]

Der Apostel Paulus schreibt: »Dass ich das Evangelium predige, dessen darf ich mich nicht rühmen; denn ich muss es tun. Und wehe mir, wenn ich das Evangelium nicht predigte!« (1. Korinther 9,16). Dieses Muss ist auch wieder das innere. Und gerade deswegen kämpft Paulus in seinen Briefen leidenschaftlich gegen die Gesetzlichkeit des *äußerlichen* Müssens. Paulus sieht darin lebensschädigende Forderungen, die von anderen an uns gestellt werden. Sie stehen zu dem inneren Muss im Widerstreit. Sie verhindern die Berufung und damit den Dienst für Gott und an den Menschen.

Das innere Muss kann zum schweren Leiden werden. Bei Paulus ist das sehr gut erkennbar und noch viel deutlicher ist es bei Jesus. Auch bei den alttestamentlichen Propheten war die Berufung meist mit zum Teil schwerem Leiden verbunden. Ein beeindruckendes Beispiel ist Jeremia. Seine Berufung bringt ihn in große Schwierigkeiten. Er will nicht mehr. Aber er kommt einfach nicht davon los:

> »HERR, du hast mich überredet und ich habe mich überreden lassen. Du bist mir zu stark gewesen und hast gewonnen; aber ich bin darüber zum Spott geworden täglich, und jedermann verlacht mich. Denn sooft ich rede, muss ich schreien; ›Frevel und Gewalt!‹ muss ich rufen. Denn des HERRN Wort ist mir zu Hohn und Spott geworden täglich. Da dachte ich: Ich will nicht mehr an ihn denken und nicht mehr in seinem Namen predigen. Aber es ward in meinem Herzen wie ein brennendes Feuer, in meinen Gebeinen verschlossen, dass ich's nicht ertragen konnte; ich wäre schier vergangen« (Jeremia 20,7-9).

Jeremia hat keine Freude mehr am Leben. Er verflucht im letzten Teil des 20. Kapitels sogar seine Geburt. Er sieht jetzt auch gar keinen Sinn mehr in seinem prophetischen Auftrag. Dass er trotzdem davon erfüllt ist, bereitet ihm durchaus keine Freude. Aber die

Qual, die entsteht, wenn er sich weigert, der Berufung gehorsam zu sein, ist noch größer als das Leiden, das der Gehorsam zur Folge hat. Da brennt etwas in Jeremia – eine starke Flamme. Und diese ist sein *Leben*, trotz allem. Jeremias bittere, zornige Leidenschaftlichkeit ist ein sicheres *Lebens*zeichen. Jeremia verflucht zwar den Tag seiner Geburt – aber leidenschaftlich. Und das bedeutet nicht, dass er sich vom Leben abgekehrt hat, sondern dass er auf diese Weise verzweifelt gegen den *Tod* protestiert.

Trotz allem ist diese Flamme in Jeremia: die helle Flamme des Lebens. Und diese Flamme lässt ihn immer weiter Prophet sein. Trotz allem: Das ist nicht nur seine Bestimmung, sondern auch seine Lebenserfüllung. Jeremia *muss* so sein, weil Gott ihn so *gemacht* hat. Gott sagte, als er Jeremia in den Dienst nahm: »Ich kannte dich, ehe ich dich im Mutterleibe bereitete, und sonderte dich aus, ehe du von der Mutter geboren wurdest, und bestellte dich zum Propheten für die Völker« (Jeremia 1,5). Das heißt nichts anderes, als dass Jeremia zum Propheten geschaffen war! Und darum ist er nun auch eigentlich nicht seelisch krank. Wenn ihm gelingen würde, seine Bestimmung zu verleugnen, *dann* würde er seelisch krank werden. Seelische Krankheit entsteht dadurch, dass die Flamme der Bestimmung noch nicht oder nicht mehr wahrgenommen wird. Ihr wird die Luft zum Brennen genommen, sie ist nur glimmender Docht, denn es wird ihr nicht *erlaubt* zu brennen. Dieser Mensch denkt, er müsse ein ganz anderer sein, um zurechtkommen zu können. Er kann sich weder so wahrnehmen noch so annehmen, wie Gott ihn eigentlich gemacht hat. Er hat ein Selbstbild, das seinem Selbst nicht entspricht. *Das macht krank.* Jeremia leidet aber unter dem Gegenteil: Es ist ihm viel zu heiß, dieses *Lebens*feuer! Er leidet nicht am falschen Selbstbild, sondern an seiner *wahren* Bestimmung: So hat Gott ihn gemacht, so hat er ihn gewollt, dazu hat er ihn bestimmt – und darunter leidet er. Er leidet um der Wahrheit willen. So ist es auch zu verstehen, wenn Jesus vom Leiden in seiner Nachfolge spricht. Seelisch gesund zu sein bedeutet nicht, es leicht zu haben, sondern sich selbst in seiner von Gott gegebenen Bestimmung zu erkennen und anzunehmen.

Ein deutliches Zeichen der seelischen Gesundheit Jeremias ist seine Ehrlichkeit: Er wagt es, seine ganz unfrommen Gedanken, seine ganze wahre Schwachheit offen darzulegen. Das zeigt sich auch sonst in seiner Geschichte: Frommer Schein ist ihm zutiefst zuwider. Er selbst ist ganz echt, er macht weder sich noch anderen noch Gott etwas vor, und er kämpft um die Echtheit des Glaubens in seinem Volk. Echtheit, Authentizität, ist abhängig von der Berufungsgewissheit. Ein Christ, dem sie fehlt, muss taktieren, um sich abzusichern: »Mache ich auch alles richtig? Komme ich auch gut an?« Ein Christ, der sich seiner Berufung gewiss ist, braucht das nicht. Er kann ganz einfach Mensch sein. Er braucht seine Schwächen nicht zu verbergen.

Zu Recht bringen wir oft das Wort »Passion« mit Berufung in Verbindung. Passion heißt »Leiden«. Ein passionierter Musiker ist ein Berufener. Er ist leiden-schaftlich im positiven Sinn des Wortes, er kann es nicht lassen, weil das innere Muss ihn nötigt. Darum nimmt er auch unter Umständen große Entbehrungen auf sich, um seiner Bestimmung treu zu bleiben.

Berufungen werden oft von den Mitmenschen nicht ernst genommen, und wer das innere Muss höher achtet als den Zwang der äußerlichen Verbindlichkeiten, wird nicht selten dafür mit Unverständnis und Ablehnung bestraft. Wahre Berufung ist wohl kaum ohne den Preis der Einsamkeit zu haben.[173]

Nimm dich selbst ernst

Oft wird die Berufung auch aus dem Leiden *geboren*. Schön illustriert das die Parabel von dem Palmenpflänzchen, auf das ein böser Mensch einen schweren Stein legte. Das zarte Bäumchen entschloss sich dazu, seine Würde nicht aufzugeben und sich darum nicht von den scheinbar übermächtigen Umständen erdrücken zu lassen. Darum nahm es den Kampf auf Tod und Leben auf und sammelte alle Kraft, um das Hindernis zu überwinden. Tief grub es seine Wurzeln in die Erde. Unter der besonderen Belastung wuchs es zum größten und stärksten Baum in der Oase heran.

In dieser Dynamik liegt das Geheimnis vieler erfolgreicher Menschen. Viele Lebensberichte bezeugen, dass Menschen an den überdurchschnittlichen Schwierigkeiten, die ihnen das Leben bereitete, gerade erst gewachsen sind und zuletzt die anderen überragten.[174]

Um das Leiden kommen wir nicht herum. Niemand findet erfülltes Leben ohne Leiden. Aber die Frage ist, *warum* wir leiden: ob wir leiden, weil unsere Bedürfnisse unerfüllt bleiben, oder ob wir leiden, weil wir sie ernst nehmen und verantwortlich um ihre Erfüllung bemüht sind. Wenn wir leiden, weil unsere Bedürfnisse unerfüllt bleiben, kommt alles darauf an, dass wir uns selbst ernst nehmen, statt uns durch allerlei Kompensationen zu vertrösten. Süchteleien, die nicht zur Lebenserfüllung beitragen, sondern dauerhaft etwas davon ersetzen, nähren sich aus dem Gedanken, dass wir es nicht wert sind, mit unseren tatsächlichen Bedürfnissen ernst genommen zu werden. Wir behandeln uns selbst wie eine Mutter, die das bitterlich weinende Kind nicht auf den Schoß nimmt, um ihm die Liebe zu geben, die es jetzt braucht, sondern die ihm genervt einen Schokoriegel hinhält und dabei befiehlt: »Hör endlich auf zu flennen, ich hab noch Wichtigeres zu tun, als mich um dein Gejammere zu kümmern! Meine Güte, du bist hingefallen, na und? Das ist doch nicht so schlimm!«

Süchteleien sind die Schnuller, die wir uns geben, um uns zur Ruhe zu bringen. Schnuller sind eine sehr gute Erfindung; das weiß jeder, der es schon einmal mit einem kleinen Schreihals zu tun hatte. Kurzzeitig beruhigen sie wirklich. Aber sie eignen sich nicht zur langfristigen Bedürfniserfüllung. Wenn dein Kind Hunger hat und etwas zu essen braucht, wenn es traurig ist und Trost braucht, wenn es Schmerzen hat und liebevolle Zuwendung und gute Behandlung braucht, dann gib ihm keinen Schnuller, sondern dann gib dich ihm selbst. Darunter geht es nicht. Und so wird das Suchtverhalten überwunden: dass ich mich mir selbst gebe, statt mich »ersatzzubefriedigen«. Dass ich mich endlich ernst nehme. »Woran leidest du? Was fehlt dir? Was brauchst du?« Ich darf dies aber nicht nur fragen, sondern ich muss auch die Antwort verstehen und mich zuverlässig darum bemühen, das wahre Bedürfnis zu erfüllen. Ich muss die Opferhaltung verlassen und für mich selbst Verantwortung übernehmen.

Berufung äußert sich weniger im Tun als in der Haltung. Sie zeigt sich in der Ordnung der Prioritäten. Das ist eine zyklisch wiederkehrende Aufgabe der Persönlichkeitsentwicklung, und darum ist das Ergreifen der Berufung auch an kein Alter gebunden. Das Leben fordert uns heraus, gewohnte Verhaltensweisen und Denkmuster immer wieder zu verlassen und Neues zu wagen.[175] Es geht um die Lebensaufgabe der Selbstfindung. »Welche Ziele habe ich? Lebe ich so, dass ich sie erreiche? Tue ich wirklich das, was ich *will*?[176] Oder *lasse* ich mich leben?« Indem wir uns verändern und indem sich unser Umfeld verändert, stellen sich diese Fragen immer wieder neu, und den Prozess der Neuordnung erleben wir dabei neu als Krise.[177]

> »Rabbi Sussja erklärt seinen Schülern: ›Eines Tages wird Gott mich nicht fragen: ‚Warum bist du nicht Mose gewesen?‘ Er wird mich fragen: ‚Warum bist du nicht Rabbi Sussja gewesen?‘‹«[178]

Anmerkungen

¹ Suchtartiges Verhalten, gleich welcher Art, ist immer ein Ausweichverhalten. Die auf diese Weise vermiedenen Probleme bleiben ungelöst. Vgl. Werner Gross, Hinter jeder Sucht ist eine Sehnsucht: Die geheimen Drogen des Alltags, 5., neu bearb. Aufl., Freiburg i.B.: Herder Verlag 2002, S. 15

² a.a.O., S. 8

³ Manfred Spitzer, Vorsicht Bildschirm! Elektronische Medien, Gehirnentwicklung, Gesundheit und Gesellschaft, München: Deutscher Taschenbuch Verlag 2006, S. 6 u. 13ff

⁴ Darum ist der »Symptomwechsel« bei Süchtigen häufig. Vgl. Gross, Hinter jeder Sucht, S. 7 u. 19

⁵ Vgl. a.a.O., S. 246ff

⁶ Vgl. »Drogenbericht: Weiterhin weniger Drogentote (2003)«, http://www.aerzteblatt.de/v4/archiv/artikel.asp?id=37268 Download 19. April 2008); »Weniger Drogentote, mehr junge Trinker«, http://www.tagesschau.de/inland/meldung34774.html (Download 26. April 2008); »Mindestens 1,5 Millionen Deutsche medikamentenabhängig«; in: Spiegel Online Wissenschaft, 03. Mai 2006, http://www.spiegel.de/wissenschaft/mensch/ 0,1518,414298,00.html (Download 26. April 2008); Ingo Arzt, »Weniger Raucher – mehr Kiffer, mehr Trinkexzesse«; in: Spiegel Online Politik, http://www.spiegel.de/politik/deutschland/0,1518,480801,00.html (Download 26. April 2008); Fachverband Sucht e.V., »Verbrauch, Missbrauch, Abhängigkeit: Zahlen und Fakten, Februar 2008«, http://www.sucht.de/fakten/gesamt.pdf (Download 26. April 2008), S. 25

⁷ Vgl. Arzt, Weniger Raucher. – Momentan gibt es 250 000 bis 300 000 Konsumenten harter Drogen; 175 000 davon gelten als abhängig. Vgl. Fachverband Sucht e.V., Verbrauch, S. 24

⁸ Landeskoordinierungsstelle Suchtvorbeugung NRW, »Drogen-

politik BRD (2003)«, http://www.ginko-ev.de/ drogenpolitik/politik_brd6.aspx (Download 19. April 2008); vgl. »Drogenbericht: Weiterhin weniger Drogentote (2003)«; vgl. »Mindestens 1,5 Millionen Deutsche medikamentenabhängig«; vgl. Arzt, Weniger Raucher
[9] Vgl. »Weniger Drogentote, mehr junge Trinker«
[10] Vgl. Landeskoordinierungsstelle Suchtvorbeugung NRW, Drogenpolitik
[11] »Mindestens 1,5 Millionen Deutsche medikamentenabhängig«
[12] Stefan Poppelreuter, »Die ›seltsame Sucht‹ nach Arbeit«; in: Psychologie heute 12, 1996, S. 40
[13] Gross, Hinter jeder Sucht, S. 7 u. 19
[14] Theodor Bovet, Angst und Geborgenheit: Das Problem des heutigen Menschen, Hamburg: Furche 1958, S. 17
[15] Vgl. a.a.O.; Poppelreuter, Die seltsame Sucht, S. 40; Gross, Hinter jeder Sucht, S. 24
[16] Tim Farin/Christian Parth/Theodor Barth, »Verloren in virtuellen Welten«; in: stern 9, 2008, S. 136; Klaus Grawe, Neuropsychotherapie, Göttingen/Bern/Toronto u.a.: Hogrefe 2004, S. 77; Joachim Bauer, Prinzip Menschlichkeit: Warum wir von Natur aus kooperieren, Hamburg: Hoffmann und Campe ^{4}2007, S. 33
[17] a.a.O., S. 290
[18] Spitzer, Vorsicht Bildschirm, S. 216; Grawe, Neuropsychotherapie, S. 291f
[19] a.a.O., S. 294; Bauer, Prinzip Menschlichkeit, S. 32
[20] a.a.O., S. 29-31
[21] Mancher Leser vermisst hier vielleicht den Kaffee. In der Tat ist der Kaffeekonsum in Deutschland sehr hoch: Er lag 2004 bei mehr als einem Pfund pro Einwohner im Monat. Die Deutschen nehmen damit den dritten Platz in der weltweiten Kaffeetrinker-Rangliste ein (Barbara Knab, »Unser täglich Dope«; in: Psychologie heute 12, 2004, S. 12 u. 54). Nach dem Stand der Forschung scheint Kaffee aber eine relativ »gesunde« Droge zu sein. In Maßen genossen tut er uns anscheinend gut (vgl. a.a.O.,

S. 54f; Stephen Braun, »Koffein – Doping fürs Volk?«; in: Psychologie heute 8, 1998, S. 57).

[22] Andreas Huber, »Die Mittelmeerdiät«; in: Psychologie heute 11, 1993, S. 58; Rainer Tölle, Psychiatrie, einschließlich Psychotherapie, kinder- und jugendpsychiatrische Bearbeitung von Reinhart Lempp, 11., überarb. u. ergänzte Aufl., Berlin u.a.: Springer 1996, S. 147

[23] a.a.O., S. 147

[24] Viele, besonders Frauen, schämen sich sehr, ein Problem mit dem Alkohol zu haben. Darum verheimlichen sie den Konsum. Vgl. Ursula Nuber, »Frauen und Alkohol«; in: Psychologie heute 6, 1996, S. 34

[25] Stephan Rüth, »Alkohol! Ein blinder Fleck in der Beratung«; in: Beratung Aktuell 4, 2003, S. 232 u. 235f

[26] a.a.O., S. 232 u. 235f

[27] a.a.O., S. 59f

[28] Ursula Nuber, »Gutartiges Gift? Wie wir unseren Alkoholkonsum beschönigen«; in: Psychologie heute 6, 1996, S. 29. Je nach Körpervolumen und Geschlecht darf es auch etwas mehr sein. Vgl. Huber, Mittelmeerdiät, S. 59

[29] Davon waren 116 Liter Bier. Vgl. Fachverband Sucht e.V., Verbrauch, S. 6

[30] Vgl. im Folgenden »Weniger Drogentote, mehr junge Trinker«; vgl. Arzt, Weniger Raucher

[31] Fachverband Sucht e.V., Verbrauch, S. 1

[32] Fachverband Sucht e.V., S. 5; Rüth, Alkohol, S. 231; vgl. Landeskoordinierungsstelle Suchtvorbeugung NRW, Drogenpolitik; vgl. »Drogenbericht: Weiterhin weniger Drogentote«

[33] Zum Vergleich: Im Jahr 2006 starben von den 175 000 Süchtigen, die von »harten« Drogen abhängig sind, 1 300 Personen (vgl. Fachverband Sucht e.V., Verbrauch, S. 24f). Das ist jeder 583. Abhängige.

[34] Wikipedia, Art. »Vietnamkrieg«, http://de.wikipedia.org/wiki/Vietnamkrieg (Download 3. Mai 2008)

[35] 2003 kamen 14 % aller tödlichen Verkehrsunfälle in Deutschland durch Alkoholmissbrauch zustande. Vgl. Rüth, Alkohol, S. 231
[36] a.a.O., S. 5
[37] Vgl. im Folgenden Arzt, Weniger Raucher; Fachverband Sucht e.V., Verbrauch, S. 2-4; »Weniger Drogentote, mehr junge Trinker«
[38] Dietmar Seehuber, »Sucht bei Jugendlichen«; in: Psychotherapie und Seelsorge 3, 2006, S. 60
[39] Fachverband Sucht e.V., Verbrauch, S. 8; »Weniger Drogentote, mehr junge Trinker«
[40] Im Allgemeinen wird 110 000 bis 140 000 angegeben. Spitzer, Vorsicht Bildschirm, S. 46; Arzt, Weniger Raucher; Fachverband Sucht e.V., Verbrauch, S. 8
[41] Mehr als 800 000 Menschen sterben jährlich in Deutschland. Vgl. Mila Hanke, »Warum wir trauern«; in: Psychologie heute 2, 2006, S. 45.
[42] Anke Gulbins, »Die letzte Zigarette«; in: Psychologie heute 7, 1996, S. 9
[43] Spitzer, Vorsicht Bildschirm, S. 43
[44] Vgl. im Folgenden Fachverband Sucht e.V., Verbrauch, S. 8-11; Arzt, Weniger Raucher
[45] Michael Dieterich, Handbuch Psychologie und Seelsorge, Witten: R. Brockhaus Verlag 1989, S. 349
[46] Vgl. im Folgenden Fachverband Sucht e.V., Verbrauch, S. 8-9
[47] a.a.O., S. 13
[48] Vgl. im Folgenden »Weniger Drogentote, mehr Trinker«; Arzt, Weniger Raucher; Fachverband Sucht e.V., Verbrauch, S. 14; »Suchtspirale ohne Ende« (ohne Autorenangabe); in: Psychologie heute 7, 1994, S. 53
[49] Ursula Nuber, »Verschriebene Lieblosigkeit«; in: Psychologie heute 7, 1992, S. 18
[50] Vgl. http://www.thema-drogen.net/Drogen/Allgemein/All_Einteilung.html (Download 28. April 2008)

[51] Wikipedia, Art. »Droge«, http://de.wikipedia.org/wiki/Droge (Download 28. April 2008); vgl. http://www.thema-drogen.net/Drogen/Allgemein/All_Einteilung.html

[52] Wikipedia, Art. »Weiche Drogen (Niederländisches Recht)«, http://de.wikipedia.org/wiki/Weiche_Droge_%28Niederl%C3%A4ndisches_Recht%) (Download 3. Mai 2008).

[53] »Mindestens 1,5 Millionen Deutsche medikamentenabhänigig«

[54] Barbara Leitner, »Psychische Abhängigkeit ist doch nicht so schlimm!«; in: Psychologie heute 9, 1996, S. 12

[55] Vgl. im Folgenden Fachverband Sucht e.V., Verbrauch, S. 17, 19, 24; »Mindestens 1,5 Millionen Deutsche medikamentenabhängig«; »Weniger Drogentote, mehr junge Trinker«

[56] Ursula Nuber, »Zehn Jahre im Fernsehsessel«; in: Psychologie heute 8, 1999, S. 9

[57] Spitzer, Vorsicht Bildschirm, S. 2

[58] Gross, Hinter jeder Sucht, S. 31; Bärbel Kerber, »Leben ohne Fernseher – wie geht das?«; in: Psychologie heute 4, 2000, S. 62

[59] Vgl. im Folgenden Nuber, Zehn Jahre im Fernsehsessel, S. 9, 30-31

[60] Vgl. im Folgenden Gross, Hinter jeder Sucht, S. 35, 47, 122; Spitzer, Vorsicht Bildschirm, S. 13f, 123-126, 130, 133

[61] a.a.O., S. 131; Reinhard Meyer, »Familien: Massive Schwierigkeiten mit dem Fernsehen«; in: Psychologie heute 8, 1996, S. 13

[62] a.a.O., S. 192

[63] a.a.O., S. 155ff

[64] Frank Naumann, Miteinander streiten: die Kunst der fairen Auseinandersetzung, Reinbek: Rowohlt 1995, S. 66

[65] Pascal Bruckner, Ich leide, also bin ich: Die Krankheit der Moderne, aus d. Franz. v. C. Landgrebe, Berlin: Aufbau Verlag 1997, S. 74

[66] Vgl. im Folgenden Gross, Hinter jeder Sucht, S. 31, 36, 44f, 53

[67] Meyer, Familien: Massive Schwierigkeiten, S. 13

[68] Bruckner, Ich leide, also bin ich, S. 74f

[69] Gründler, Weg mit der Glotze, S. 35f

70 Kerber, Leben ohne Fernseher, S. 67f
71 Siehe im Folgenden Gross, Hinter jeder Sucht, S. 33-34, 36, 60-61, 76
72 a.a.O., S. 75
73 Spitzer, Vorsicht Bildschirm, S. 156, 194; Gross, Hinter jeder Sucht, S. 61
74 Spitzer, Vorsicht Bildschirm, S. 3
75 Ulfried Geuter, »Im Rausch der Spiele«; in: Psychologie heute 6, 2006, S. 11; Farin/Parth/Barth, Verloren in virtuellen Welten, S. 134
76 Kathryn Kortmann/Thomas Müller, »Onlinesucht: Gefährdete Jugend«; in: Psychologie heute 4, 2000, S. 17
77 Vgl. im Folgenden Spitzer, Vorsicht Bildschirm, S. 209 u. 211
78 Gross, Hinter jeder Sucht, S. 64-66
79 Vgl. im Folgenden Spitzer, Vorsicht Bildschirm, S. 155ff u. 207ff
80 Vgl. im Folgenden Gross, Hinter jeder Sucht, S. 72, 112, 117, 145
81 a.a.O., S. 139
82 Joachim Huber/Christian Tretbar, »Vorsicht, Suchtgefahr«; in: Der Tagesspiegel, 10.04.2008, http://www.tagesspiegel.de/medien-news/Computerspiele-Onlinesucht;art15532,2510075 (Download 5. Mai 2008)
83 Gross, Hinter jeder Sucht, S. 121f
84 a.a.O., S. 157
85 »Immer mehr Handynutzer zeigen Suchtsymptome«, http://www.suchtmittel.de/info/handy-sucht/001725.php (Download 5. Mai 2008)
86 Sascha Koesch/Fee Magdanz/Robert Stadler, »MAIDS – Krankheit oder Mode-Syndrom?«; in: Spiegel Online Netzwelt, 22.01.2007, http://www.spiegel.de/netzwelt/mobil/0,1518, 4612 12,00.html (Download 5. Mai 2008)
87 Vgl. im Folgenden Poppelreuter, Die seltsame Sucht, S. 38-40; Gross, Hinter jeder Sucht, S. 179
88 Vgl. zum Burn-out-Syndrom Hans-Arved Willberg/Michael

Hüttel, Ausgebrannt: Burnout erkennen und überwinden, Holzgerlingen: Hänssler Verlag 2008

[89] Stanley Vitte, »Wenn Arbeit zur Sucht wird«; in: Focus Online Jobs, http://www.focus.de/jobs/berufsalltag/worklifebalance/tid 7397/workaholics_aid_132617.html (Download 5. Mai 2008); vgl. Stefan Poppelreuter, »Arbeitssucht: Massenphänomen oder Psychoexotik?«, Bundeszentrale für politische Bildung, Publikationen, 2004, http://www.bpb.de/publikationen/5FNJXD,3,0, Ar beitssucht%3A_Massenph%E4nomen_oder_Psychoexotik.html #art3 (Download 5. Mai 2008)

[90] Vitte, Wenn Arbeit zur Sucht wird; Wikipedia, Art. »Arbeitssucht«, http://de.wikipedia.org/wiki/Arbeitssucht (Download 5. Mai 2008); Barmer, »Arbeitssucht«, http://www.barmer.de/bar mer/web/Portale/Unternehmensportal/Gesundheit_20im_20Un ternehmen/GesundheitPublik/Sucht_20am_20Arbeitsplatz/Ar beitssucht/_3A_20ArbeitssuchtCID__28512.html (Download 5. Mai 2008)

[91] Poppelreuter, Arbeitssucht; Gross, Hinter jeder Sucht, S. 187

[92] Wikipedia, »Arbeitssucht«; Poppelreuter, Die seltsame Sucht, S. 39

[93] Gross, Hinter jeder Sucht, S. 181

[94] »Worcaholics schlafen besonders wenig« (ohne Autorenangabe); in: Spiegel Online Wissenschaft, 03.09.2007, http://www. spiegel. de/wissenschaft/mensch/0,1518,503517,00.html (Download 5. Mai 2008)

[95] Gross, Hinter jeder Sucht, S. 181

[96] Vgl. Poppelreuter, Arbeitssucht

[97] Gross, Hinter jeder Sucht, S. 181

[98] Vgl. im Folgenden Poppelreuter, Arbeitssucht; Poppelreuter, Die seltsame Sucht, S. 39f; Gross, Hinter jeder Sucht, S. 188-189

[99] Silke Pfersdorf/Arnd Schweitzer/Veit Mette, »Wenn das Verlangen außer Kontrolle gerät«; in: Stern 8, 2008, S. 99f; »Gegen Kaufsucht hilft kein Medikament« (ohne Autorenangabe); in: Welt Online Wissen, 23.03.2007, http://www.welt.de/wissen

schaft/article775046/Gegen_Kaufsucht_hilft_kein_Medikament. html (Download 10. Mai 2008)
[100] Vgl. »Gegen Kaufsucht hilft kein Medikament«
[101] Deutsches Aktieninstitut e.V., DAI-Factbook, »Zahl der Aktionäre in Deutschland – Gesamtdeutschland«, Stand 31.01. 2007, http: //www.dai.de/internet/dai/dai-2-0.nsf/dai_statistiken .htm (Download 10. Mai 2008)
[102] Gross, Hinter jeder Sucht, S. 104
[103] Vgl. Jochen Steffens, »Von der Spielsucht in die Börsensucht? Value Stocks!«, 28.03.2006, http://www.value-stocks.com/modules/news/article.php?storyid=3453 (Download 10. Mai 2008)
[104] Vgl. im Folgenden Gross, Hinter jeder Sucht, S. 77, 81, 91; Fachverband Sucht e.V., Verbrauch, S. 26
[105] Vgl. im Folgenden »Internet-Glücksspiel macht süchtiger als Casino« (ohne Autorenangabe), 14.02.2008, http://www.welt.de/wissenschaft/article1672672/Internet-Gluecksspiel_macht_suechtiger_als_Casino.html (Download 10. Mai 2008)
[106] Tölle, Psychiatrie, S. 142
[107] Siehe im Folgenden Gross, Hinter jeder Sucht, S. 81, 83, 89, 95-97; »Gegen Kaufsucht hilft kein Medikament«
[108] Martin Fiutak, »Virtuelles Glücksspiel boomt«, 02.02.2006, http://www.zdnet.de/news/tkomm/0,39023151,39140662,00.htm (Download 10. Mai 2008)
[109] Vgl. »Gegen Kaufsucht hilft kein Medikament«
[110] Horst W. Opaschowski, Was uns zusammenhält: Krise und Zukunft der westlichen Wertewelt, München: Olzog 2002, S. 127
[111] a.a.O., S. 127
[112] Gerhard Schulze, »Es gibt keine ewige Perfektion der Lammkeule«; Interview in: Psychologie heute 2, 1999, S. 31
[113] a.a.O., S. 31
[114] Mihaly Csikszentmihalyi, Lebe gut! Wie Sie das Beste aus Ihrem Leben machen, aus dem Englischen von Michael Benthack, München: dtv 2001
[115] a.a.O., S. 90

[116] Opaschowski, Was uns zusammenhält, S. 128
[117] Schulze, Perfektion der Lammkeule, S. 29
[118] Csikszentmihalyi, Lebe gut, S. 23
[119] Nach Abraham H. Maslow, Motivation und Persönlichkeit, dt. v. Paul Kruntorad, Reinbek: Rowohlt 1996
[120] Siehe im Folgenden Opaschowski, Was uns zusammenhält, S. 133 u. 138
[121] Erich Fromm, Haben oder Sein: Die seelischen Grundlagen einer neuen Gesellschaft, dt. v. Brigitte Stein, überarb. v. Rainer Funk, München: dtv ^{21}1992, S. 35
[122] Opaschowski, Was uns zusammenhält, S. 140
[123] Schulze, Perfektion der Lammkeule, S. 28
[124] Bovet, Angst und Geborgenheit, S. 17f
[125] Gerald May, Sehnsucht, Sucht und Gnade: Aus der Abhängigkeit zur Freiheit, aus d. Amerik. übersetzt v. F. Kittelberger. Mit einem Vorwort von R. Rohr, übersetzt von A. Ebert, München: 1993, S. 26. – »Sucht kann nicht und darf nicht als eine Krankheit verstanden werden, sondern muss als Ausdruck und Symptom des Krankseins des entfremdeten Menschen in einer entfremdeten Umwelt verstanden werden.« Wolfgang Eckert erklärt, Sucht sei eine »krankhafte Haltung [...] Sucht lässt sich nur als eine somato-psycho-sozial spirituelle Störung begreifen. Sucht ist Ausdruck einer Beziehungsstörung des Menschen zu sich selbst, zu anderen Menschen, zur Welt und zu Gott.« Wolfgang Eckert, »Suchterkrankungen: Ursachen und Erscheinungen«; in: psycho 12, 1993, S. 45. – Auch nach Tölle liegen den Süchten süchtige Fehlhaltungen zugrunde. Vgl. Tölle, Psychiatrie, S. 141. – Gegen die Ansicht, Sucht sei eine Krankheit, spricht auch die Tatsache des *maturing out*, des Herauswachsens aus der Sucht, das anscheinend häufiger vorkommt, als man denken mag. Vgl. Andreas Huber, »Das ›Neue Denken‹ in der Alkoholismusforschung«; in: Psychologie heute 5, 1995, S. 59; Rolf Degen, »Maturing out: Wie sich Süchtige selbst heilen«; in: Psychologie heute 10, 1994, S. 54f

[126] Vgl. Patrick Carnes, »Die Suchtgesellschaft«; in: Brennpunkt Seelsorge 3, 1994, S. 52f
[127] Nach Tölle kann Verwöhnung ein kompensatorischer Ausdruck von Ablehnung sein. Tölle, Psychiatrie, S. 141
[128] Spitzer, Vorsicht Bildschirm, S. 51ff
[129] Albert Bandura, Aggression: Eine sozial-lerntheoretische Analyse, übers. v. U. Olligschläger, Stuttgart: Klett-Cotta 1979, S. 198ff
[130] Vgl. »Suchtprobleme entstehen in der Kindheit« (ohne Autor); in: Psychologie heute 10, 1993, S. 44; Eckert, Suchterkrankungen, S. 47; Thomas Saum-Aldehoff, »Frühwarnsystem Kindergarten«; in: Psychologie heute 6, 1994, S. 16
[131] Hermann Hägerbäumer, »Süchte: Ursachen und Auswege«; in: Brennpunkt Seelsorge 3, 1994, S. 3, 54f; vgl. »Suchtprobleme entstehen in der Kindheit«; Bauer, Prinzip Menschlichkeit, S. 34, 41, 53
[132] Theodor Bovet, zitiert nach: Maria Kaißling, Editorial; in: Brennpunkt Seelsorge 3, 1994, S. 50f. – »Trinken ist [...] eine der masochistischen Methoden, das Ich auszulöschen, um sich seiner zu entledigen!« Joseph Rattner, Gruppentherapie: Die Psychotherapie der Zukunft, Frankfurt/M.: Fischer ^{4}1979, S. 145
[133] May, Gerald, Sehnsucht, Sucht und Gnade: Aus der Abhängigkeit zur Freiheit, aus d. Amerik. übersetzt v. F. Kittelberger. Mit einem Vorwort v. R. Rohr, übersetzt v. A. Ebert, München: Claudius Verlag 1993, S. 38
[134] Nach Eckert ist nicht der Süchtige selbst Sklave, sondern er hält sich die Suchtmittel als Sklaven, »die für ihn das besorgen müssen, wozu er sich selbst nicht in der Lage fühlt«. Eckert, Suchterkrankungen, S. 46
[135] Dietrich Bonhoeffer, Ethik, zusammengestellt und herausgegeben von Eberhard Bethge, München: Christian Kaiser 1984, S. 76f
[136] Ralf Glahs, »Musik, Disco und Beziehungskisten«; in: Brennpunkt Seelsorge 3, 1994, S. 65

[137] Ausweichendes Verhalten kann vorübergehend sinnvoll sein. Dieser Mechanismus »verhindert, sich in ein Problem zu verbeißen, und verschafft eine Erholungsphase«. Abhängigkeiten werden erst daraus, wenn »diese Mittel oder Verhaltensweisen zur dauernden Problembewältigung eingesetzt werden«. Gross, Hinter jeder Sucht, S. 16f

[138] Bonhoeffer, Ethik, S. 242

[139] a.a.O., S. 255

[140] Gerhard von Rad, Das erste Buch Mose: Genesis, Das Alte Testament Deutsch, hrsg. v. A. Weiser, Teilband 2/4, 9., überarb. Aufl., Göttingen: Vandenhoeck & Ruprecht 1972, S. 91f

[141] a.a.O., S. 91f

[142] Pferdsdorf/Schweitzer/Mette, Wenn das Verlangen außer Kontrolle gerät, S. 103; Gross, Hinter jeder Sucht, S. 8

[143] Dieter Zeller, Art. »sophrosyne«, EWNT, Bd. 3, S. 791

[144] Page DuBois, zitiert nach: Daniel Goleman, Emotionale Intelligenz, aus d. Engl. v. F. Griese, München: dtv [14]2001, S. 79

[145] Anselm Grün, Tu dir doch nicht selber weh, Mainz: Matthias-Grünewald-Verlag [2]1997, S. 77

[146] Siegfried Wibbing, Art. »sophrosyne«, ThBNT, Bd. 3, S. 1509

[147] Ulrich Luck, Art. »sophron« [Wortgruppe], ThWNT, Bd. 7, S. 1094; Wibbing, Art. »sophrosyne«, S. 1509

[148] Luck, Art. »sophron«, S. 1094

[149] Wibbing, Art. »sophrosyne«, S. 1509f

[150] Zeller, Art. »sophrosyne«, S. 790f; Luck, Art. »sophron«, S. 1096

[151] Erich Fromm, Die Kunst des Liebens, übers. v. Liselotte und Ernst Mickel, Frankfurt/M., Berlin: Ullstein [44]1992, S. 132

[152] Das geht deutlich aus dem Kontext von Römer 12,3 hervor, wo Paulus auch *Sophrosyne* für das Maßhalten gebraucht. Vgl. Luck, Art. »sophron«, S. 1099

[153] Wibbing, Art. »sophrosyne«, S. 1510

[154] Luck, Art. »sophron«, S. 1099; Wibbing, Art. »sophrosyne«, S. 1509

[155] Es ist hier »eine Grundhaltung angesprochen, die die eigene Begrenztheit und den anderen in seinem Menschsein zu erkennen sucht und das Handeln ihm gegenüber danach bestimmt«. a.a.O., S. 1510

[156] May, Sehnsucht, Sucht und Gnade, S. 100

[157] Heinz Heckhausen, Motivation und Handeln: Lehrbuch der Motivationspsychologie, Berlin u.a.: Springer 1980, S. 216

[158] Klaus Grawe, Psychologische Therapie, 2., korr. Aufl., Göttingen u.a.: Hogrefe 2000, S. 43

[159] A.a.O., S. 43

[160] Martin Seligman, Erlernte Hilflosigkeit, 4. Aufl. erweitert um: Franz Petermann, Neue Konzepte und Anwendungen, Weinheim: Psychologie Verlags Union 1992, S. 96f

[161] »Nimm niemandem etwas, was er gebraucht, bevor du ihm nicht etwas Besseres gegeben hast«, Christoph Thoman/Friedemann Schulz von Thun, unter Mitarbeit von Christiane Naumann-Bashayan, Klärungshilfe: Handbuch für Therapeuten, Gesprächshelfer und Moderatoren in schwierigen Gesprächen. Theorien, Methoden, Beispiele, Reinbek: Rowohlt 1999 [1988], S. 215

[162] Matthias Claudius, Der Mond ist aufgegangen, Evangelisches Kirchengesangbuch, Lied Nr. 482

[163] Antoine Saint-Exupéry, Der kleine Prinz, ins Deutsche übertragen von G. u. J. Leitgeb, Düsseldorf: Karl Rauch ^{60}1998

[164] Wikipedia, Art. »Enthusiasmus«, http://de.wikipedia.org/wiki/Enthusiasmus (Download 31. Mai 2008)

[165] Emmanuel Lévinas, Wenn Gott ins Denken einfällt: Diskurse über die Betroffenheit von Transzendenz, aus d. Franz. v. T. Wiemer, mit einem Vorwort v. B. Casper, Freiburg/München: Karl Alber ^{3}1999, S. 72

[166] Rudolf Schnackenburg, Der Brief an die Epheser, Evangelisch-Katholischer Kommentar zum Neuen Testament (EKK), hrsg. von J. Blank et al., Bd. 10, Köln/Neukirchen-Vluyn: Benziger/Neukirchener 1982, S. 242

[167] Einige Beispiele dafür finden sich in der Bibel.
[168] Aaron T. Beck et al., Kognitive Therapie der Depression, aus dem Amerik. v. Gisela Bronder und Brigitte Stein, hrsg. von Martin Hautzinger, Weinheim/Basel: Beltz 1999, S. 343
[169] Rainer Maria Rilke, zitiert nach: Henri J. Nouwen, Der dreifache Weg, aus d. Engl. übertrag. v. R. Kohlhaas, Freiburg i.Br.: Herder 1984, S. 34
[170] nach Johannes 10,8
[171] Martin Luther, Kommentar zum Galaterbrief 1519, Calwer Luther-Ausgabe, hrsg. v. W. Metzger, Bd. 10, Holzgerlingen: Hänssler Verlag 1996, S. 16
[172] Grün, Tu dir doch nicht selber weh, S. 16f
[173] Angela Seifert, »Sich verändern heißt: Zurückkehren zum Ursprung«; Interview in: Psychologie heute 3, 2000, S. 25
[174] Alan Loy McGinnis, Selbstwertgefühl, Wiesbaden: Projektion J 1996, S. 53ff
[175] Seifert, Sich verändern, S. 20
[176] a.a.O., S. 25
[177] Renate Hauser, Soziale Kompetenz trainieren: Zielorientiert kommunizieren, Regensburg/Düsseldorf: Fit for Business 1999, S. 31-33
[178] Seifert, Sich verändern, S. 26

Abkürzungen

EWNT   Horst Balz/Gerhard Schneider, Exegetisches Wörterbuch zum Neuen Testament, Bd. 1-3. Stuttgart/Berlin/Köln u.a.: W. Kohlhammer 1980–1983

ThBNT   Lothar Coenen/Erich Beyreuther/Hans Bietenhard (Hrsg.), Theologisches Begriffslexikon zum neuen Testament, Bd. 1-2/2. Witten: R. Brockhaus Verlag 1967–1971

ThWNT   Gerhard Kittel (Hrsg.), Theologisches Wörterbuch zum Neuen Testament, Bd. 1-10/2. Studienausgabe. Unveränd. Nachdruck. Stuttgart/Berlin/Köln u.a.: W. Kohlhammer 1990 (1933–1979)

Hans-Arved Willberg
Das ABC der positiven Lebenseinstellung
Der erfahrene Seelsorger und Therapeut Hans-Arved Willberg zeigt in seinem sehr praxisorientierten Ratgeber, wie sich finstere in positive Gedanken verändern lassen. Er stellt dazu das methodische Werkzeug mitsamt „Gebrauchsanweisung" vor.
96 Seiten, Paperback
Nr. 226.213

Hans-Arved Willberg
Das ABC der positiven Lebenseinstellung – Hörbuch
CD, Spielzeit: 79 Minuten
Nr. 312.018.187

SCM R.Brockhaus

SCM E RF-Verlag

Hans-Arved Willberg
Keine Angst vor der Angst! – Hörbuch
Angststörungen – ihre Ursachen und wie man sie bewältigen kann. Hans-Arved Willberg fragt nach psychologischen und geistlichen Hintergründen der Angst. Er gibt einen Überblick der hauptsächlichen Störungsbilder und geht auf die Formen der Angst ein.
CD, Spielzeit: 78 Minuten
Nr. 312.018.192

Hans-Arved Willberg
Kleine Laster – Hörbuch
CD, Spielzeit: 79 Minuten
Nr. 312.018.200

SCM E RF-Verlag